YOUR MONEY OR YOUR LIFE?

お金に殺されない人が大切にしている40のこと

潮凪洋介
Yosuke Shionagi

SOGO HOREI PUBLISHING CO., LTD

はじめに

お金に殺されない生き方をしてみないか

みんなお金、お金と血眼になっている。
そりゃお金は大切。お金がなければ生きてはいけない。
お金は水や酸素と同じくらい大切だって誰もがわかっている。
でも、それを求めることばかりに目を奪われて生きにくくなったり、
痛い人になったり、心が枯れ果てたり、ぎこちない表情になったり、
生きることがつまらなくなったりする人がいる。
世の中は、「お金の被害者」たちのオンパレードだ。

お金を稼げなければ、自分のことを好きになれない。
自分のことが嫌いだから、誰かのことも好きにもなれず、
誰とも心の絆を持たない。
誰にも相談できず、孤独になってしまった人たちで街は溢れている。
あなたはどうだろうか？

お金を尺度にする「マネーホリック」な人になっていないか？

経済状態は、人それぞれだ。
それをどうこう言うつもりはないし、批判もしない。
私が言いたいのはたったひとつだ。

気がつくとお金のことばかり考え、お金に振り回され、すべての物事をお金の尺度で考えるという「マネーホリックな状態」になっていないか？　ということだ。

お金中心の考えは、確実にあなたを追い込む。

お金の有無に関係なく、あなたの心を無様に破壊する。

自分はもちろん、周囲の人たちの価値もお金ではかるようになる。

これこそ心の破綻のはじまりだ。


「俺は誰よりも稼いでいる。だから価値がある」

「俺はみんなの半分しか稼いでいない。だから価値がない」

「俺がモテないのはお金がないからだ」

「アイツはお金がないからモテない」

お金がなければ自分は死んだほうがいいと落ち込み、セルフイメージを下げ、人に媚び、勝手に自分をヒエラルキーの下のほうにポジショニングする。お金があれば天下をとったような気持ちになる。

お金に踊らされ、お金に心を撲殺される。

お金の被害者たち。それは、貧乏な人とは限らない。

お金持ちにも苦しそうな「被害者」が大勢いる。

「聞かれてもいないのに自分から年収を言う人」は、この典型例である。お金＝自分なのだ。

こういう人は、周囲に取り返しのつかない不快な空気をぶちまけようとも、影で嘲笑されようとも、かまわず発言することに命をかけている。

なぜか？

言わないと自分が小さな存在になったように感じるからだ。

そして、内面の破綻に気づかせてくれる友達もいない。

眠る前には「孤独」のブラックホールに何度も落ち、ひとり命乞いをする。
それがこのマネーホリックなお金持ち、小金持ち、エリートたちの心の闇である。
彼らはもはや、情緒のバランスを備えてはいない。
あなたはどうだろうか？

お金よりも大切な価値を持っているか

今、世の中には「孤独」を感じる人が増えている。
その多くがお金に蝕《むしば》まれている。
心が寂しいのは、お金に換えられない〝大切なもの〟が不足しているからにほかならない。
世の中には、お金よりも大切な価値がたくさんある。
あなたの心を温かくする「もの」や「こと」、「人」……。
この大切なものがなければ、お金があっても、意味がない。
お金はただのモノでしかなくなる。
「大切なものがあれば、何もいらない。
お金も最低限暮らしていければそれでいい」
本書を読んでそう思えるものたちと出会ってほしい。

大切なものに気づいた人のもとに、
お金は集まってくる

では、お金より大切なものを手に入れるとどうなるのだろうか。

ハッキリ言おう。

あなたが何かに挑戦すると、なぜか自然にお金がついてくる。

こっそりと、お金のほうから後追いしてくるのだ。


こう言うと、嘘に聞こえるかもしれない。

しかし、これは本当だ。私もお金のために働く働き方から、「大切なもの」のために働くようにすると、お金がついてくるようになった。

逆に、「お金のために！」と動いたとたん、お金は離れていった。

そこに心があるかないか？　それが大切であると私は思う。

他の成功者やビジネスマンのやり方は否定しない。

お金のことなんか考えず、心を込めて向き合う。

すべてはそこからはじまる。

お金がなくても幸せ。なのに、なぜかお金にも恵まれる。

そんな生き方を楽しんでほしい。

お金が自然と集まってくる、不思議な、不思議な「お金よりも大切な価値」のつくり方を伝えたい。

本書は学歴や収入、社会的地位を手に入れつつあるけれど
「何かが足らない」
と感じている人、そして、本当の幸せを感じることも、それを得るための活動もしたことがない
「余白がない人」
そんな人にも読んでもらいたいと思う。
この本を読むことで、あなたの誰にも言えない孤独感は、少しずつ、

しかし確実に和らぐだろう。そして、人生の充実感がよみがえってくると信じている。

潮凪洋介

目次

はじめに — 1 —

value 1
最高の友達 — 17 —

value 2
本物の恋 — 25 —

value 3
出会い、ときめき続ける生活 — 33 —

value 4
大笑いする時間 — 41 —

value 5
カッコいい友達 — 51 —

value 6
体力 — 57 —

value 7
なりたい自分への憧れ — 63 —

value 8
感動体験
— 69 —

value 9
スポーツの汗と快楽
— 77 —

value 10
ボランティア
— 83 —

value 11
行きつけの店
— 91 —

value 12
思い出がつまった写真アルバム
— 97 —

value 13
SNS、ブログ
— 103 —

value 14
快適な住環境
— 109 —

value 15
元気な声
— 117 —

value 16
自分主催のイベント
— 127 —

value 17
持ち歌
— 129 —

value 18
応援する気持ち
— 133 —

value 19
家族と子ども
— 137 —

value 20
借金
— 141 —

value 21
バカになれる瞬間
— 147 —

value 22
毎回参加する交流会３つ
— 151 —

value 23
仕事抜きで語り合える友達
— 157 —

value 24
社会愛
— 165 —

value 25
思い出の曲
— 169 —

value 26
ドライブの時間
— 173 —

value 27
一人旅
— 177 —

value 28
早起きと朝活
— 181 —

value 29
ニックネーム
— 185 —

value 30
掃除と整理整頓
— 189 —

value 31
親孝行
— 193 —

value 32
「いいね、それ！」
という口癖
— 197 —

value 33
合わない人を断ち切る習慣
— 203 —

value 34
誰かを褒める習慣
— 209 —

value 35
社会的ヒエラルキーと無縁の時間
— 213 —

value 36
恩人や、かつての恋人を思い出す時間
— 219 —

value 37
「できる方法」を考える習慣
— 225 —

value 38
健康診断
— 231 —

value 39
危機への対策
— 235 —

value 40
今晩、そして週末の楽しみ
— 241 —

ブックデザイン　五十嵐たかし（Dogs Inc.）
飯富杏奈（Dogs Inc.）
写真　AlexRoz/shutterstock
DTP　横内俊彦
編集協力　成田真理

value 1

最高の友達

value 1

最高の友達

友達は、人生を前向きに生きるための命綱

本当に持っていてよかったと思うもの。それが友達だ。

友達はあなたをいつだって大切な存在として見てくれる。

仕事で失敗したときも失恋したときも、リストラされたときも怪我をしたときも、
友達はあなたを100%完全な存在として見てくれる。

それにより私たちは自分の本当の価値に気づく。生きる意欲を理屈抜きにみなぎらせることができる。

一方、友達はあなたを戒めるメンターでもある。

人生がうまくいきすぎたときも、友達は人格崩壊を防いでくれる。

人はビジネスで成功したり、何かいいことがあると自分を見失いがちである。

自分がエライんじゃないか？　人より価値があるんじゃないか？　と思いはじめ、仕事の取引先を見下したりもしてしまう。

だから、**自分自身を見失いそうなときは、友達に会うといい**。そうするだけで、
自分が〝ただの人間〟であることを思い知る。

友達はあなたを崇め奉らない。つまらないことを言えば、「お前はつまらんな〜、相変わらず」と言ってくれる。「○○部長」と役職をつけて呼ぶこともない。それにより、ビジネスの成功による内面破綻から救われる。

最近孤独がもてはやされている。「個の時代」とか「仲間とつるむな」とか、「烏《う》合《ごう》の衆になるな」とか、「孤独が男を育てる」とか「群れるな」という。しかし、**孤独の感情は人を不安定にさせる**。

人間は、太古の昔から、人とつながることで生きてきた。狩りをして農耕をして生きてきた。そもそもひとりで生きること自体不自然なことなのだ。

日本国内には年間3万人の自殺者がいる。戦争が起こっているわけではない。豊かな生活もある。それなのに自ら命を絶つ人が絶えない。自殺の陰には「孤独」が隠れている。孤独はあなたを壊す毒薬だ。

しかし友達さえいれば、その心配はない。つながり合う安心感を感じながら落ち込んだ気持ちを元に戻すことができる。笑い合って一晩中語り合うことで、自殺願望は消えてゆく。友達の存在と時間が、あなたの心に命を吹き込む。

友達は、生命維持装置なのだ。


あるとき私は、孤独で孤独で、傷ついて傷ついて自分を責めてしまう人向けの本を書くことになった。それにあたって、実際に30日間、孤独になってみようと考えた。読者の気持ちになってみないと書けないと思ったのだ。

その間、孤独を歌うアーティストの曲を聴きまくり、孤独でつぶれそうな人たちが書いた本を読みあさり、友達からの誘いも一切断った。

家族との連絡も断った。ご飯も一人で食べ、アトリエに籠もり、なるべく自分を責めて過ごしてみた。外出は近所のスーパー程度。誰にもあいさつすらしなかった。寝る前は映画を観たり、Youtubeで映像を見て寝る。そんな生活を続けていた。

すると20日目くらいに異変が起きた。

「今ここで自分が死んでも、誰も気づかないな」

そんな独り言を口走ったのだ。驚くことに、怒りすら湧きあがってきた。自分で自分を孤独にしたにもかかわらず「被害妄想者」になったのだ。驚いたのは、「どうせオレなんて」という卑屈感情が生まれたことだ。

「どうせ俺なんて、本を書くだけの職人。儚いな。さみしいな」

しまいには、

「死んだら楽になるかもしれないな」などと考えはじめた。


このように、人間は環境に左右されやすく、簡単に洗脳される。非常に脆い生き物だ。お金を稼ぐためにひとりの友達とも談笑せず、ただ黙々と仕事をする。それだけで人間は簡単に壊れてしまう。しかも短期間で。

何十万人、何百万人が、破壊された内面に気づかずに日々を送っているのだ。

原稿を書き上げた解禁ともいえるその日、私は男友達と楽しく夜遊びに行った。するとﾞ、砂漠で一杯の水を差し出されたような気分になった。

そんな私を見て、友達は不気味がった。

「なんでこいつはオレたちと飲むだけで感激しているのか？」と。

たった1ヶ月でもこうなる。ということは、1年、2年、3年、いやそれ以上孤独の生活をしている人は、想像を絶する自己嫌悪、苦しみ、世の中への怨恨を抱えている。

孤独を抱えすぎている人は、それが当たり前になりすぎて、友達に囲まれた状態の安心、楽しさ、恍惚な快感を完全に忘れている。それゆえ、状態の深刻さに気づかない。頭痛持ちが、頭痛という状態がどういうものかわからなくなるように、「孤独」を感じる気持ちすら麻痺するのだ。

「孤独の苦しみ」が体感できない状態になっていないだろうか？　死んだら楽か

も？　そんな思いが1秒でも頭をよぎってはいないだろうか？

孤独は友情で消すことができる。

友達はあなたが思う何十倍、何百倍もあなたを救う。命を絶やさないための「命綱」だ。人生を楽しく前向きに生きるための救命胴衣でもある。

お金、お金と追いかけすぎず、心通じ合う友達をひとり持つ。それにより、あなたの心は確実に健康体へと回復する。そうすればあなたはもう、一生仕事とお金に殺されることはない。苦しさを中和し、日々を生きることができるのだ。

まとめ

友達があなたを健康体にする。

value 2

本物の恋

value 2

本物の恋

恋はあなたを育てる
トレーニングマシン

あなたの痛み・苦しみが、一銭のお金もかけずに緩和する麻薬がある。

「恋」だ。


私がまだ独身で、お金がまったくなかった頃のこと。

好きな人と夜のファミレスに行き、300円のワインを頼んだ。そしてそれを片手に「何でこんなに美味しいんだろう?」と言った。すると相手も「何でこんなに美味しいんだろうね」と返してくれた。

頭の中に、味わったことのないような快楽が駆け巡った。仕事のストレスは吹き飛び、金欠のことなどどうでもよくなった。この1秒が永遠に続けばいいと思った。この1秒さえあれば、何もいらない。この1秒を永遠にするためなら何でもする!

そう身震いした。

こんなふうに**恋は、安酒を超一級の美酒の味に変える力がある。**

恋をすると、あなたが抱えているすべての痛み・苦しみ・違和感・異物感・不快感、そのすべてのマイナスが、プラスの方向に「麻痺」するのだ。

さらにはモヤモヤ悩んでいた悩み・苦しみの憂いの正体がハッキリする。恋が苦しみから解放してくれるがゆえに、その正体を客観視できる。

やがてシンプルな解決策が、目の前にパッと現れる。そして快適な思考回路が脳裏に現れ、まるで雲が晴れたように何事もキレイに解決していく。

人の気持ちをお金で買うことができないように、恋もお金では買えない。しかし、恋に最低限のお金は必要だ。

「富士山の頂上に登る」、この目標を達成するには、体力が必要だ。しかしさらに必要なものがある。登山靴だ。お金はいわば、その登山靴のようなものである。必要なものは入手するしかない。

だから**恋は、経済的にも成長するチャンスなのだ。**

好きな人と結ばれるために、頑張ろうとする。それによってあなたは、恋だけでなく仕事力も身につけようとするだろう。

「誰かのために」という気持ちで必死に働き、社会に貢献すればするぶんだけ、お金はあなたに流れ込んでいく。間接的ではあるが、「稼ぐ力」も身につく。

恋は、経済的にも社会的にも、あなたを育てる「トレーニングマシン」なのである。

私の知人に、年収が7000万円の男性がいる。しかしいくらそれを自慢してもモテない。世の中にはお金と恋をしたい女性もいるから、まったくモテないわけではない。だが実際、年収300万円の他の友達よりもモテていない。彼はお金に殺された典型例である。

恋は、あなたらしく幸せな人生を歩むために絶対必要な宝物だ。お金では決して買えない。

また、恋の恍惚《こうこつ》なまどろみは、あなたの人生に彩りを与える。この相思相愛の恍惚のまどろみは、人間の幸せの頂点であり、本能的幸福の原型だ。この感覚を感じることができなければ、私たちは種の保存ができない。この快楽があるからこそ、300万年もの間、人間は生き永らえてきた。

もちろん、恋の恍惚、まどろみだけでは、人間は成長できない。原始の法則と同じで、恋ばかりしていては狩りもできない。敵が来たときも、逃げることができない。戦いにも行けない。

現代もそれと同じだ。恋をしながらも、自分が活躍できるフィールドを残していかないといけないのだ。

日本の男性は、世界中で最もつまらない社会人生活を送っていると揶揄《やゆ》する人もいる。だが**恋は、私たちが男である以上、続けないといけない必須科目**である。

仕事に忙殺されていてはもったいない。恋を楽しむべく、自分を奮い立たせる気概を持とう。

彼女のためにデートコースを考え、妻のためにバラの一輪でも買って帰ってみるのはどうだろうか。

恋をさらに上質なものにするために、仕事も頑張る。そうすることで、仕事も恋も、よりよい状態に高められる。

「恋」という超自然的な麻薬の化学反応。この飛び道具をうまく使い、維持できる人だけが、お金に換えられない幸せをずっと抱くことができるのである。

まとめ

仕事の前に恋をせよ!
恋は本能的幸福の王様である。

value 3

出会い、ときめき続ける生活

value 3

出会い、ときめき続ける生活

良質な出会いが心を浄化する

出会いがない人には共通点がある。出会いの場に行くことを非常に億劫《おっくう》に感じているということだ。出会いの場所でストレスを感じるのではないかという、マイナスの想像が頭から離れない。

年を重ねるごとに非社交的になり、人脈もどんどん枯れ果てる。やがて限られた数人の友達、知り合いの中だけで過ごすようになる。

過去に出会った仲間、友達はもちろん大切だ。一生大切にすると決めた人がいるのは、とてもすばらしいことだ。しかし、限られた人間とだけつき合っていると、よほどの達人でないかぎり、人間関係がしだいに淀みはじめる。意見の相違が生じ、喧嘩になったり、会っていてもときめきや楽しさが薄れていくのだ。甘えが生じ、人間関係から鮮度が失われていく。

仮に、友達がたった3人しかいないとしよう。すると、ちょっとした人間関係のトラブルが生じた瞬間、それが人間関係の多くを占めてしまう。

3人の中の1人とうまくいかなくなったとすると、世界の3分の1がトラブルで覆われることになる。

ところが、いつでも話せる友達が20人いたとすると、状況は変わる。

たとえそのうちの一人とうまくいかなくなったとしても、20分の1ということになる。これにより動揺せず仕事に集中でき、さらには冷静に「人間関係修復策」を考案することができる。必要以上に憂鬱な気持ちに支配されることもなくなる。

どれほど心の余裕の差が生じるか、想像はたやすいだろう。


多くの知り合いと通じ合うだけで、人間関係トラブルに負けない心を築くことができる。会社の人間関係がうまくいっていなくても、プライベートにたくさんの楽しい友達がいれば、心のほとんどは晴れ渡るのである。

職場で発生する嫌な人間関係だけに心を占領されるのはもったいない。

友達が少ない人こそ「出会い続ける生活」を意識しよう。会社の人間関係にクヨクヨする人こそ「出会い続ける生活」を習慣化しよう。

出会い、ときめき続けることが、人間関係のストレスを解き放つ特効薬になる。

これはどんな精神安定剤よりも心身の痛み・苦しみを洗い流す。そして躍動的で清らかな心をつくってくれる。ストレスを感じない心と体を手に入れられる。

初対面の人と出会うとき、たいていの人は緊張する。相手の話題に夢中になったり、ときめいたりする。すると、心が相手のことに支配され、人間関係の悩みが入り込むスキがなくなる。それまであった余計なストレスも、帳消しになる。

さらに出会いの瞬間、人は、近未来に希望を抱く。

相手との楽しい未来を想像する。親友、ビジネスパートナー、恋人、趣味仲間……いろいろな関係性が頭によぎる。

毎週、さまざまな交流会に行ったり、新しい友達と出会って食事をしたり、お茶を楽しんだりする「出会い続ける生活」を送ることによって、あなたは希望に満ちた毎日を手に入れることができるのだ。

出会いがあれば、修復不可能になった人間関係を無理なく手放すこともできる。友達が少ないと、「大事にしなきゃ」と、自分の身体の中に〝我慢〟という毒を飲み込む羽目になる。

出会いで心を浄化しよう。

誰とでも仲良くしなければいけないということではない。

波長の合う人たちと出会い続けることだ。

波長の合いそうな人を見つけたら、そこを起点にいろいろな人とつながるようにする。するとあなたの心は希望と好奇心に満ち、いつでもワクワクするようになる。

そして、人間関係でうまくいかなかったときのことなど、遠い過去のことのように思えてくるのだ。

あるとき、お金持ちなのにつまらなさそうにしている人がいた。彼は少ない人間関係の中で常に小競り合いをくり返し、その限られた世界の中で生きていた。視野が狭く、いつも憂鬱。たくさんの人と出会う人やＦａｃｅｂｏｏｋがにぎわっている人に敵意をむき出しにする。しかも出会いに一歩踏み出す思考回路が、完全に閉じられていた。

仕事をしてたくさんお金を稼ぐのは悪いことではない。しかし、それだけだと人間は壊れてしまう。たとえお金を手に入れたとしても、あなたの孤独感、そして人間関係の軋轢《あつれき》からくる不快感は決してなくならない。

あなたの痛みは簡単に解決する。それが「出会い続けるライフスタイル」を確立するということだ。

お金をかけずに出会い続ける方法はいくらでもある。Ｆａｃｅｂｏｏｋ上では、趣味のイベントなど、連日さまざまなイベントが告知されている。そこに、週1回、どこでもいいから参加してみる。これで出会い続けるライフスタイルが自然にできあがる。

そうなれば、人間関係のストレスは、いつの間にか10分の1、いや、１００分の1に激減する。だまされたと思って試してみてほしい。心のやすらぎが訪れ、生きていてよかったと感じられるはずだ。

まとめ

お金稼ぎで生じた〝心の憂鬱〟は、「出会い」で鎮痛できる。

value 4

大笑いする時間

value 4

大笑いする時間

爆笑ネタが億万長者越えの「幸福」をくれる

最近、はらわたがよじれるような大笑いを体験しただろうか？

「ない」という人には、そろそろ笑いの摂取をおすすめしたい。

どのように摂取するか？

過去、大笑いしたことを思い出せばいい。笑いすぎて過呼吸になるくらいを目指す。これだけであなたは天国に行ける。

頭の中にはドーパミンが噴出し、キャバクラに行かなくても、お笑いライブを見なくても、１５０円の缶チューハイで、億万長者のような満ち足りた気分を味わうことができる。

快感が体中をかけめぐり、もう何もいらない！　お金もいらない！　仕事もいらない！　と思ってしまう瞬間を手に入れられる。

あなたの頭の中はきっと今、仕事頭になっている。仕事に思考エネルギーの大半をつぎ込んでいる。それにより、ひっくり返って笑ってしまうような爆笑伝説を忘れてしまってはいないだろうか。

私はいつでも、少なくとも50レジェンド（伝説）は思い出すことができる。時間ができたとき、それを思い出して一人で笑っている。

特に私はお笑いオタクなので、起こったことをご丁寧に手帳に書き留めている。自分が体験した笑い、笑われるような大失敗、友達の笑えるネタ、あるいは電車で見た笑える酔っ払いおじさん、さまざまなことを手帳に書いて、後で見直して笑っているのだ。

そのお笑いネタを見るたびに呼吸がラクになって、肩の力が抜けて、自分の身体が軽くなる。

ときどき、家でも思い出して「ハッ！」と大きな声で笑う。家族は私がおかしくなったと勘違いする。だが、「またいつものアレね。今日は何を思い出したの？」と訊いてくる。私は毎回同じ話をするのだが、話すたびに家族全員が大爆笑してくれる。

笑いは医学的にも、人間の健康にとって非常に効果的だと証明されている。一説には、ガンの進行を和らげるという効果もあるようだ。

最近、30年来の友達と集まった。仕事がつらいときや疲れたときに鑑賞して元気になれるよう、それぞれが笑える話を持ち寄って動画に記録した。まるでお笑い番組の「すべらない話」のようにひとりずつネタを披露し、それをビデオカメラに収めていったのだ。

撮影中、何度も笑いの爆弾が炸裂し、勢いが止まらなくなった。おかげで、笑えるネタを20個ほど共有できた。

仲間で集まるときは、いつもその鉄板ネタの話になる。毎度同じ話ではある。しかし、いつも我々のはらわたをえぐってくれる。

久しぶりに会う友達とも、昔のお笑いネタを口にしたとたん、ウン十年前の関係に戻れる。一人の人間として友情を感じ合える。お笑いネタは、「友情をつなぐかすがい」ともいえる。

最近腹の底から笑ったか？
涙が出るくらい笑ったか？
過呼吸になるくらい笑ったか？

何億のお金を積んでも買えない、超贅沢な時間。それを取り戻そう。
笑いすぎると、後頭部が痛くなる。別室に移動して笑いを遮断しないと命の危険すら感じる。あなたにもぜひその境地を味わってもらいたい。

爆笑の後、毎日が、いかに灰色になっていたかということ気づく。

大笑いした経験が何回あるかで、あなたの人生の贅沢度は決まる。


ぜひ時間をつくって、今までの笑える話を書き出し、それを友達の前で「あんなことがあったね」「こんなことがあったね」と話してみてほしい。心地いい快楽感情が体中をめぐることになるだろう。生きるとはどういうことなのか、本当に楽しいとはどういうことなのかを知るだろう。


本当に楽しい人生は、お金では買えない。

しかしお金がなくても、ちょっとスイッチを切り替えるだけですぐに手に入る。

大笑いしたことがない大金持ちよりも、たとえお金がなくても、後頭部の爆笑筋肉痛に苦しむあなたのほうが、１００万倍幸せである。

大笑いした経験がない人は、試しにお笑いライブに行ってみてほしい。プロの笑いのセンスは筆舌に尽くしがたいものがある。日本には全国各地にお笑いライブの会場があるから、探してみてはどうだろうか。

そういう時間すらない人は、お笑いのＤＶＤを借りて見てほしい。

ＤＶＤを借りに行く時間すらない人は、テレビでお笑い番組を努めて見るといいだろう。

そういう時間もない人は、ベッドの中でもいい。過去に放送されたお笑い番組をYoutubeで探して見てみてほしい。

私も行き詰まったとき、過去のお笑い番組を見る。頭を使わなくても笑えるので、脳に酸素が回って非常に愉快な気分になる。頭の中にこびりついた執筆の疲労が一気に吹き飛ぶ。

まとめ

爆笑七転八倒しよう!
それは億万越えの贅沢時間。

value 5

カッコいい友達

value 5

カッコいい友達

カッコいい友達が、人生の質を高める

お金がなくても手に入る、心豊かに上質な人生を過ごす方法がある。
それは、**一緒にいるだけで憧れ感を感じられるようなカッコいい友達を持つ**ということだ。

カッコいい友達とは、あなたが何かプラスの影響を受ける相手のことを言う。見た目が魅力的ということもあるが、生き方がカッコいいとか、物腰がカッコいいとか、話す言葉から男らしさを感じるとか、会っていると身が引き締まる思いがするとか、そういう人だ。

「人間は一緒にいる人のようになる」という法則がある。人は、常に一緒にいる人にだんだん似てくるという定説である。
カッコいいなと感じる友達の横にいるだけで、あなたは自分の目標をいつも目の前で、すぐそばで認識し続けることができる。書物からの文字で認識するのではなく、至近距離から「息づかい」までもが認識できる。

カッコいい人といるだけで、自らもカッコよくなることができるのだ。

カッコいい人と過ごすことによって、あなたの内面も変わっていく。

どう変わっていくのか？

ひとつは、人間が好きになるということだ。

魅力的な人と会うことによって、頭の中で、「世の中の大多数の人はあの人のように魅力的だ」と思い込むことができる。

人間は環境に左右されやすい生き物である。いつも視界の中の多くを占めていたその魅力的な人が、あなたの頭の中に、極上の錯覚を与える。

「もっともっと世の中の魅力的な人と出会いたい！」

そう思えるのである。こうして人間好きな心がつくられる。

〝魅力的でカッコいい友達〟を持つメリットはこれだけではない。

毎日がドラマティックになる。

もし人生がドラマだとしたら、その作品のよしあしは、その役柄を誰が演じるかということに大きく左右される。

登場するキャストは、ダサいよりはカッコいいほうがいい。カッコいい人があなたと一緒に舞台を演じれば、作品の芸術性が上がる。

カネ、カネ、カネ、仕事、仕事、仕事!

そうやって頑張る人の中にはときおり、〝まったく魅力的ではない人〟がいる。

そうならないためにしっかり注意しよう。

カネを稼ぐ手を休め、カッコいい人、魅力的な人と出会う時間を捻出しよう。そして人生の質を上げるのだ。


人生は、「景色」である。記憶の中の人生は、すべて〝景色〟である。感情を伴うこの景色こそ、あなたの人生そのものである。

あなたは、自分の人生の主演、脚本、監督という一人三役を担っている。死ぬまで作品をつくり続けなければならない。それなら、共演者は魅力的でカッコいいほうがいい。人生という作品を上質にするためにも、あなた自身が磨かれてもっと素敵な名優になるためにも、カッコいい友達をつくることが大切なのである。

まとめ

カッコいい友達をつくり、人生という景色に彩りを与えよう。

value 6

体力

value 6

体力

体力は、つければつけるほど、自信がみなぎる

value 6 体力

昔から、**強い心は強い身体に宿る**と言われている。

また、心の強さと体力は、密接に結びついている。

身体の痛みを緩和し、筋肉をケアする専門家曰く、一流の人間の身体は、驚くほど野性的なのだそうだ。一流の学者なのに、とてつもなく筋肉質で鍛えあげられた身体をしている人、大成功している社長で恐ろしく忙しいのに、とてつもない体力を持っている人などがいる。

相応の体力を持っていなければ、一流の仕事はできない。


筋力や持久力をつけたり、スポーツをしたりして体を強く維持するためには、継続する精神力が必要だ。この継続する精神力は体力の一部であり、同時に世の中を生き抜くための能力である。

10～20代の頃は、運動ばかりしていると、「筋肉頭」と言われたり、バカにされることもある。しかし30歳をすぎると、「あること」を誰もが体感しはじめる。

それは、ビジネスで思うような成功を収め、充実した幸せな人生を送るためには、ある一定以上の体力が必要であるということだ。持久力と瞬発力を備えた身体、そして一体化した脳が必要になってくる。

当たり前のことだが、体力をお金で買うことはできない。だが、お金がなくても、お金をかけなくても、腹筋、腕立て伏せ、球技、ジョギングで身体を鍛えることはできる。そして**体力づくり、運動は、あなたを裏切らない**。やった分だけ必ず形に残る。それが自信につながるのだ。大人は「筋肉頭」でいいのだ。

仕事にはつらつと打ち込み、年下の若い女性とも楽しく遊ぶ殿方をよく見かける。彼ら諸先輩方はほぼ9割がた、しっかりと体を鍛えている。体を鍛えることがモテるためのあらゆるポイントにおいて有利であると知っているのだ。機敏な所作、血行のよさそうな肌、明るく前向きな物腰。贅肉がなく引き締まった体。男らしい筋肉。これらが、仕事や金儲けで培った貫禄と融合する。その瞬間、そこに大人の色気が漂うのだ。

何も運動をせずに過ごすと、60歳を超えたとき、筋肉は20代当時の半分以下に衰えると言われている。それは、精神力の衰え、また人生を楽しくするためのエネルギーの衰えを意味する。

お金を稼ぐ、ビジネスで成果をあげる。そのことだけに集中しすぎて「身体の鍛錬」を忘れていないだろうか？

メタボリックな体では、必ず体調不良がやってくる。コレステロールが蓄積すれば、生活習慣病になる。その不快さといったらたとえようがない。心も体も24時間ずっと重いのだ。お金があっても毎日をちっとも楽しめない。

身体を鍛えよう！

鍛えあげられた身体は、結局ビジネスにも強い「脳」と「心」をつくる。

そう思えば、どんなに仕事人間のあなたでも、お金が好きなあなたでも、やる気になるだろう。

まとめ

「体を鍛えても一銭にもならない！」は、短命メタボリックビジネスマンの錯覚。

value 7

なりたい自分への憧れ

value 7

なりたい自分への憧れ

大人になるということは「あきらめ」を知ることではない

あなたは、お金を稼ぐことにとらわれすぎて、「なりたい自分への憧れ」を忘れてはいないだろうか？

「なりたい自分になること」こそ、本当に大人になるということである。

「なりたい自分」に憧れ続けるだけで、自分らしく、充実した人生を楽しむことができる。

かくいう私も20代の頃、「理想」を忘れかけたことがある。日々の仕事をこなすことに精一杯。給料を減額されないように働き続けた。自分を殺し、ミスを恐れ、上司のご機嫌をとり、仕事中は憧れどころではなかった。

会社の上司の前で夢でも語ろうものなら

「目の前の仕事をしっかりこなせないヤツに、夢なんか叶えられっこない」

「小さい積み重ねが大事なんだ。今は目の前のことに集中しなさい」

と一蹴された。

「夢を見ようとしていることは、そんなにいけないことなのか」

そんな感覚にも洗脳されかかった。


しかし、私はそれを跳ねのけた。

会社から何と言われようとも、社外で猛烈に活動をし続けた。

もしあのとき、先輩方の声に従っていたらどうなっていただろう。きっと私の人生は枯れ果てていたと思う。


日々の仕事をこなすことは、すばらしいことだ。

しかし、体の底から興奮を感じることはできない。仕事だけに身を沈めることにもなる。自分の気持ちにウソをついてまで金を稼ぐのは、できるだけ避けたほうがいい。

甘いことを言っている。そう思うかもしれない。しかし、仕事は「嫌いなこと」

で成功できるほど甘くない。嫌いな仕事をイヤイヤすれば、その職場の人にも迷惑をかけてしまう。

最高の人生を送るために、お金への執着をほんの少しゆるめてみよう。

そしてなりたい自分とは何か、思い出してみるのだ。

「アイツみたいになりたい」「憧れの仕事につきたい」

お金のことを考えず、憧れ感だけに身を浸し、夢想してみる。

罪悪感に負けてはいけない。あなたは金の奴隷ではない。想像するのは自由である。

世の中には、お金を稼いで成功しても、心の底から仕事を楽しめていない人が大勢いる。それは、今の仕事が本当にやりたかった仕事ではないからだ。彼らは、「これが楽しいってことなんだろうな」とか「この充実感がたまらないと言っておいたほうがカッコいいんだろうな」と、すべて「だろうな」で自分の気持ちを片づける。

これでは、いつまでたっても思うような人生を歩むことはできない。

もちろん、なりたい自分に憧れなくても、生きていける。だが、心の充実感は得にくい。心から興奮する人生を送りたければ、なりたい自分に憧れ続けることが大切だ。その気持ちがあなたを動かし、人生の質を高める。

大人になるということは、夢をあきらめることではない。**なりたい自分になって、よりよく楽しい人生を生きる。**それこそが、真の大人になるということではないかと私は感じている。

まとめ

なりたい自分を夢想するのは自由。
〝罪悪感〟に負けるな！

value 8

感動体験

value 8

感動体験

幸せは、感動した回数で決まる

あなたがふだん忘れている、お金よりも大切なことがある。

それは、「**感動体験**」だ。感動体験が不足してはいないだろうか？

人は大人になればなるほど、悲しいことに、感動する体験が減っていく。

仕事に忙殺され、建前の人間関係に取り囲まれ、波風を立てないように毎日を過ごしてしまう。

仕事の生産性を上げることは大切なことだ。しかしあまりにも気持ちを平坦な状態で維持し続けると、やがて心は変形してしまう。感動する心がどんどん退化する。

感動の少ない人生がどのような終わりを迎えるか、想像したことがあるだろうか。


誰もが人生の終わりの瞬間に、これまで歩んできた人生の走馬灯《そうまとう》を見るといわれている。人生で起こったさまざまなことを思い出し、あんなことがあったな、こんなことがあったなと、人生を振り返るのである。

感動体験が少ない人の人生の最期は、とてもつまらなく、退屈なものとなってしまうだろう。感動の瞬間が存在せず、つまらない映画を観ているような気持ちでこの世を去ることになるからだ。

できればその瞬間に、「ああ、いい人生だったな」とか、心をふるわせながらこの世を去りたいものだ。

感動体験が少ない人は、それが叶わない。

人生が幸せだったかどうかは、感動の回数で決まるのではないだろうか。あるいは**感動の「深さ」**で決まると私は思う。

これまでの人生を振り返ってみてほしい。

「ああ、良い思い出だったな」「あのことは絶対に忘れられない」と今でも心を打つ感動体験は、何十年たっても心の中に鮮明に残っている。

感動体験は、長い年月の中のほんの数時間、あるいはもっと短い時間、一瞬のこともあるだろう。

そんな一瞬の感動体験が、まるで永遠であるかのように頭の中に刻まれる。

その一方、会社の中で苦虫を潰した顔で作り笑いをし、おもしろくもない仕事をしているときの記憶は、まったく浮かびあがってこない。

生きていたのか死んでいたのかもわからないくらい朦朧《もうろう》とした、灰色のような時間である。


世の中には莫大なお金を稼いでいる人がいる。中には感動的な毎日を過ごし、幸せそうな毎日を過ごしている人もいるだろう。

一方で、たくさんお金を稼いでいるにもかかわらず、感動することも少なく、生き甲斐もなく、とても苦しくてつらい毎日を送っている人も多くの割合で存在する。

そのような人は、顔を見ればすぐにわかる。感動がないだけではない。金がなくなることを恐れている。

お金を稼ぐことは、生きるうえでの酸素補給のようなもの。それなしには生きられない。だが、それを得ようとするばかりに「無感動人間」になっては意味がない。

感動する体験を毎日、あるいは一週間の中、一ヶ月の中でできるだけ多くつくることこそ、人生を豊かにすることにつながる。その豊かさは、お金の多寡に関係なく訪れる。


感動のない人生など、人生とは言えない。それはバクテリアや昆虫の生命維持活動と変わらない。私たちは言うまでもなく人間である。人生が終わる瞬間に、感動する映画のように、この世を去ろうではないか。


では、感動の機会をつくるにはどうすればいいのだろう。

仲間と何かに挑戦して苦しい努力を乗り越え、感動の涙を流すことができれば、それがベストだ。

ちなみに私は学生時代、そのようなシーンをひとつでも多くつくるために血のにじむような努力をした。社会人になってからは、お金を稼ぐ時間を犠牲にしながら社外活動に没頭した。

時間は限りなくあったのだから、他のことに時間を使うこともできた。しかし、今もまったく後悔はない。なぜなら、多くの感動シーンをこの目にしたからだ。

時間がたった今でも感動し、涙を流すことができる感動体験が、思い出フォルダの中に完全な状態でパッキングされている。その思い出は、好きなときに、いつでも鑑賞できる。

毎日忙しく、どうしても感動体験をつくることができないという人は、映画を観て感動する体験をしてみてはどうだろうか。

映画を観る時間もないという人は、インターネット上にある感動動画を観てほしい。「感動動画」と検索すれば、簡単に見つかる。

こうして小さな感動体験を定期的に重ねることで、あなたは徐々に感動体質になることができる。

感動体質になると、いつも心を清々しく、上質でご機嫌な状態に保とうとする努力をするようになる。また、心をネガティブにひっぱる人間関係を、冷酷に、かつ容赦なく切り捨てることができる。心を不快な感情で犯されている残念な人生とは、無縁になれる。

幸せになるために、感動体質になろう。あなたがあなたの人生を感動的に送るために必要なことなのだから。

まとめ

お金はあっても「感動のない人生」は、真の人生ではない。

value 9

スポーツの汗と快楽

value 9

スポーツの汗と快楽

スポーツは、お金では買えない上質な快楽をくれる

私たちが人間になるずっと前から、祖先は身体を動かし、汗をかいてきた。野山をかけめぐり、獲物を獲り、敵から逃げるために体を動かしてきた。また、家を建て、火を起こし、何をするにも常に汗をかき、体を動かしてきた。動くことで生き永らえてきたのである。

いわば**体を動かし、汗を流し続けることは、生きていくうえで不可欠なアクション**なのだ。

スポーツをした後の汗が「気持ちいい」と感じるのは、私たちが「体を動かすことをやめないようにするためのシステム」なのかもしれない。

スポーツを通じて体を動かし、汗を流す。そのメリットは、心や頭の中が気持ちよくなるだけではない。同時に持久力、瞬発力、ストレスの発散、一緒に汗を流した仲間との友情、絆、精神的な安定、一体感、それらを一気に得られる。

しかもこれには最大の特徴がある。

お金をかけなくても、**身ひとつあればその快楽を受けることができる**という点である。

プロのアスリートからスポーツ愛好家、アマチュアに至るまで、誰もがスポーツをした後、爽快感を感じて「これさえあれば何もいらない」とすら思う。私もそう感じるひとりである。

ためになる本を書こうとしたり、ビジネスで結果を出そうとしたり、たくさんの売上を獲得するために一生懸命になることがある。やりがいや達成感を感じることはあるが、運動をした後の爽快感には叶わない。

もしあなたが今この瞬間、家も車も仕事も何もかも失い、たったひとりになってしまったとしよう。どんなに途方に暮れたとしても、心の中にとてつもない快楽を感じられる瞬間をつくることができる。好きなスポーツに没頭し、汗をかくということである。

この快楽は、お金では決して買うことはできない。その反面、体ひとつのアクションで得ることができる。いつでもどこでも、あなたがたとえ何歳になっても味わうことができる。

スポーツの汗は、あなたの疲れをリセットしてくれる。「仕事で疲れたから家に帰って寝たい」そんなときこそ、ちょっとがんばってスポーツをし、汗をかいてほしい。あえてつらい習慣を自分に課してみてほしい。それだけで仕事のストレス、憂鬱な要因は、汗と一緒に流れ、蒸発してしまう。体中の血がめぐり、身体も心も爽快になり、安定し、強くなる。どの角度から見てもプラスの状況が得られる。

お金で買える快楽、満足。そんなものばかりに囚われていないか?

幸せは身近なところにタダで転がっている。お金をかけずとも、スポーツによる

汗が体の底からの幸せを感じさせてくれる
同時に健康になれるというオマケもついてくる。
この本を閉じた瞬間からあなたはその幸せを得ることができる。やるかやらないかはあなた次第だ。

まとめ

体を動かせば、健康と快楽のパラダイスが同時に手に入る!

value 10

ボランティア

value 10

ボランティア

お金をもらわない活動が、お金を呼んでくる

value 10 ボランティア

お金をもらわなくてもやってみたいと思える仕事はあるだろうか。

世の中は、お金をもらう仕事ばかりが仕事だと思っている人がほとんどである。しかし、ごく少数ではあるが、「お金をもらう仕事だけが仕事ではない」と思う人たちもいる。彼らはとても幸せそうで、お金よりも大切なものを胸に抱いている。そして悔いのない、そして快楽度の高い人生を送っている。

しかし、お金をもらう仕事だけが人生だと思っている人、あるいはお金をもらう仕事以外の仕事を知らない人、その多くは、人生で本当に大切なものを知らない。そのため、自分の人生を素直に愛そうとする時間が圧倒的に枯渇している。

お金では買えない大切なもの。人生を本当に充実させてくれるもの。それは、**お金をもらわないボランティア**である。

誰かを喜ばせるためのボランティア。それは人間の心を実に豊かにして、人生を大変素晴らしいものに変えてくれる。

あるアメリカの心理学者も、「お金をもらうより、お金をもらわずに奉仕する仕事を生活の中に取り入れてきた人のほうが、生活の中にやりがい、そして快楽の時間をたくさん持っている」と述べている。

では、なぜお金をもらわないボランティアがそれほど大切なのか？

また、それがなぜ、お金に換えがたい価値となるのだろうか？

人間は誰かの役に立ち、その人が幸せな笑顔に変わった瞬間に、最も幸福感を感じるからである。

相手が笑顔に変わろうと、変わるまいと、人に奉仕する時間を心の底から楽しむことができる人もいる。「相手の反応などもはや関係ない」といった境地に達する人もいる。

私もかつて一日のうち多くの時間をボランティアに費やしたことがある。まだ会社員のころ、普段の会社での仕事にやりがいをあまり感じることができなかった頃だ。

普段の仕事を通じて世の中やお客さまに喜んでもらう、その喜びの反応が手に取るようにわかる。もしそれが叶うなら、それが一番いい。しかし、それが必ずしも感じられるとは限らない。どうあがいてもそのような幸せな状況になることが難しいケースもある。そういう人こそ、ボランティアをしてみるといい。自分の好きな人、好きな仲間、愛すべき心の持ち主のためだけにすればいい。

なぜお金をもらわないほうがいいのか？　それは私の経験上、少しでもお金をもらうと、そのもらった金額に対する労働の対価を計算してしまうからである。

私は学生のとき、イベントサークルを立ち上げた。

社会人になってからも、セカンドシェアハウスを中心としたイベントプロジェクトを次々に企画した。

いずれも、社会人のオフタイムを楽しくするためのものである。

これらの活動は、ほとんどボランティアでやってきた。


あるとき、報酬をもらう形でイベントを実施したところ、満足度は非常に低くなった。お金に換算したところ、まったく割に合わないことがわかったからだ。

それ以来私はイベントを開催する際、できるだけ利益を出さない形でおこなうようにしている。書斎の近くにある、海辺の風光明媚なレストランで毎週おこなっているイベントも、そのひとつである。

おかげで私の心は今、とても豊かである。お金では買えない豊かな達成感と人間関係と友情を、その場で育んでいる。


私の心のほとんどは、このようなボランティアによってつくられてきた。

もし、私が、収益事業のためだけに体を動かしてきたなら、きっと世の中を見る景色が違っていただろう。おそらく私が嫌いな景色になっていたはずだ。
私はボランティア活動から得た経験、知識を本にしたためている。そして間接的にお金をいただいている。

お金より大切なものをとことん突き詰めると、結局はそれが、望む・望まないにかかわらず、お金に変わっているという話だ。

まとめ

損得勘定抜きのボランティア活動が、間接的に大きなお金を連れてくる。

value 11

行きつけの店

value 11

行きつけの店

行きつけの店が精神を安定させる

行きつけの店、それは心のよりどころである。

行きつけの店は必ずあなたの心の命綱となる。

「ああ、今日もあの店に行こうかな」

「いつもの店に行ってマスターと話そうかな」

「今日あの店に誰かいるだろうか」

仕事中、こんなふうに思うことができれば、それだけで豊かな毎日を送ることができる。仕事場、あるいは家ではない、心のよりどころを持つ。それだけで、心に余裕を持つことができる。

行きつけの店を持つ人は、心の中に楽しい別世界を描くことができる。しかしそれがない人は、その別世界を持たずに生活することになる。

たかが「いきつけの店」ではある。しかしその小宇宙の中で、あなたが心を泳がせ、感じ取る快楽の量は、計り知れない。

たとえば、仕事でクライアントや同僚と関係が悪化したとしよう。あるいは、仕事がうまくいかずに社内で四面楚歌になってしまうことがあるかもしれない。そんな状況を家族や恋人、友達に話せないとする。そして心を閉ざしたまま、家と会社の往復を続ける。そんなことをしていれば、やがて心は壊れてしまう。

だが、行きつけの店は、行くだけで自分を受け入れてくれる。あなたの仕事の内容や状況は関係ない。そんな場所は、お金には換えられない、癒しの特効薬である。

もちろん、お金がないと店には行けない。しかし、月に何十万円もの大金は不要だ。お小遣い程度で自分の人生をムダに過ごす時間を帳消しにすることができる。

自分の人生をムダにする時間とは何か？　それは、ムダに自分を責めたり、批判したり、心と体を壊してしまうような人生のことだ。

「ああ、毎日が辛い。辛い。とても孤独だ。どうして自分はこうなんだ。なんて自分はダメなんだ」こんなことを思うことはないだろうか。気がつくとそんなことばかり考えて息苦しくなり、自分に生きる価値があるのかどうか。そんなことすら考えてしまう。あるいは人にイラついたり、恨んだり、電信柱を蹴飛ばしたくなったり、電車でぶつかってきた人に罵声を浴びせかけたくなったり……。それはあなたの心の中に回避場所、エスケープゾーン、つまり「アナザーパラダイス（another paradise）」が存在しないからである。

もっとバカになって自分を解放しよう。楽しむことに貪欲になり、一瞬一瞬を楽しんでみたらどうだろうか。**人生、結局は楽しんだもの勝ちなのである。**

読者の中には、自分なんか死んだほうがましだと思ったことがある人もいるだろう。そんなときにあなたの命綱となるのがこの行きつけの店だ。

友達を誘うわけにはいかない。そんなときに、ただその店に入り、「いつものちょうだい」と頼むだけで、「どうですか？　最近は」と笑顔で返してくれる、そんなマスターがいる店。あるいは店員がいる店。そんな場所に行って心の深呼吸をしてみてはどうだろうか？

もちろん、心地よいと思える店は、すぐには見つからないだろう。それでも根気よく探し続けていると、必ず見つかるものだ。

たかが店だと侮《あなど》ることなかれ。その小さな、小さな箱の中には、あなたの心を解放する小宇宙が広がっているのだから。

まとめ

小さな行きつけの店が、生活の中にファンタジーをくれる。

value 12

思い出がつまった写真アルバム

value 12

思い出がつまった
写真アルバム

思い出アルバムづくりは、未来づくり

お金では買えない、お金よりも大切で身近なものがある。それが、**たくさんの思い出の写真が貼り付けられたアルバム**である。

思い出アルバムがあるだけで、あなたはいつでも楽しい思い出の中にワープすることができる。ファンタジックツーリズムだ。

あなたのパラダイスは、あなたが生きる限り、ずっと、ずっと存在している。いやそれだけではない。あなたと思い出を共有した仲間、友人、知人、恋人、家族みんなの中に、あなたの思い出が生き続けている。

私の事務所には、分厚いアルバムが10冊ほどある。この20数年分の楽しかった思い出をすべてプリントアウトし、アルバムに貼りつけてある。おかげで、楽しかったシーンをいつでも振り返ることができる。

その当時耳にしていた曲をかけながらアルバムを見るたびに、私は今、抱えている仕事のこと、悩みなどすべてを忘れ、そのリアルな立体映画の世界に身を投じる。

そして、ときに涙を流し、ときに腹の底から笑い、ときに古き友情に思いを馳せたりする。そして自分の人生を腹の底から愛しいと感じるのである。

また、「もう一度生まれ変わってもこんな人生を過ごしたい」というふうに、自分自身の人生をひと通りおさらいすることができる。短い映画を鑑賞するように、ひとりでも簡単に感激に浸れるのである。

ここでのポイントは、写真は必ず印刷するということである。手間はかかるが、ある程度まとめて印刷し、それをアルバムにきちんと貼りつけることが大事である。デジタルに保存したままにしておくと、必ずどこにいったかわからなくなる。しかも、わざわざパソコンを開かないとそれを鑑賞することができない。友達同士で気軽に見ることも叶わない。

アルバム化することを習慣化すると、未来にもさらにいいことが起きる。写真に残るようなドラマティックな生き方をするようになるのである。

遊びをするにも、もっと楽しいことをしよう、となる。もっと楽しいことをするのに、あの人を誘ってみよう、この人を誘ってみよう、あんな企画をしてみようと、どんどん創造的になるのである。まさに**生きることを楽しむために、人生を創る自分になることができる**のだ。

どこかに行かなくても、お金をかけなくても、自分が主演の楽しい映画を観ることができる。それが、「思い出アルバム」が大切なゆえんである。

つくったアルバムは、100年後の子孫に対するメッセージにもなる。そして私たちがこの世を去った後、愛する子孫がこれを見て生きるヒントを得る。彼らの心に、私たちの生きざまが刻まれるのである。

さらにもうひとつ、アルバムを見た後、あなたは必ず「こんな人生も悪くないな」と感じることができるはずである。自分を、そして人生を見つめ直すこともできる。

その見つめ直した後にこそ、この先どう生きるべきかという人生の設計図が鮮明に、正しく浮かびあがるのである。

まとめ

アルバムをつくって人生ドラマを鑑賞しよう。

value 13

SNS、ブログ

value 13

SNS、ブログ

ブログやSNSを使えば、人生は何倍にもおもしろくなる

自分のブログやSNSを持ち、世の中に対して思いを発信するだけで、あなたの人生の価値やおもしろ味は何倍にも膨らむ。

なぜ、そんなことが言えるのか。

私が長年、自分の考え、そして作品を世の中に発信してきて常々思うのだが、自分の世界観を世の中に発信すると、必ずそれに共感してくれる人たちが現われる。ネット上でつながった人もいれば、実際に会いに来てくれる人もいる。私の開催するイベントや講座、講演に参加してくれる人もおり、そこで共感が生まれる。

実際に会って共感し合えることは、人間にとって人生の至福の瞬間のひとつである。

誰かを思って自分の考えを発信することによって、味方、共感者を得、あなたが必要とする人々と必ず出会うことができる。自分の世界観に共感してくれた人と共に歩く人生。その毎日はとてつもなく生産的、創造的であり、善意に満ちている。

あなたがＳＮＳやブログで何かを発信すると、あなた自身が世の中に対する放送局になる。

私はどんな人でも、自分の考えや世の中が良くなることを前向きな表現で発信する人は、すべて文化人だと思っている。それが、プロであるかそうでないか、あるいはファンがたくさんいるかそうでないか、本を出版しているかいないかなどは関係ない。１年以上思いを発信し続けた人は「私は文化人、そして著者、コラムニスト、エッセイストです」と名乗るに値すると思う。

ちなみに私の運営するエッセイスト、著者、文化人養成塾「潮凪道場」には、そのような文化人がたくさん所属している。塾生は全国に散らばっているが、いつも心はひとつである。

彼らは、自分の思うこと、感じること、そして得意分野、専門的な内容を世の中に発信し続けている。講演、イベント、講座、そしてコミュニティなどさまざまなものを創り、人生を豊かにしている人もたくさんいる。

SNSやブログを使って思いを発信することで、外の世界とのつながりだけでなく、お金では買えない素晴らしいものを得ることもできる。それは、**自分の心の中の状態を知ることができる**ということだ。

1～4年前のものを見回してみると、そのときの心の状態、価値観、判断基準などを知ることができ、とても興味深い時間をすごすことができる。「あのときはあんなことがあって、あんなことを思っていたのか」「あのときは楽しかったな、苦しかったな、不安だったな、でも乗り越えてきたな」「今、何とかなっているな」というふうに自分の人生を噛みしめ、そして愛おしく思うこともできる。

ブログやSNSでは、別に美しい文章を書く必要はない。あなたが持っている専門性をレクチャーするだけでもいい。あるいは、あなたが乗り越えたいと思っている困難、それを乗り越える過程、乗り越えたセオリーを書くだけでもいいのである。そのあなたの文章を読んだ人たちは、大いに勇気づけられ、たとえあなたと出会っていなくても、心がつながり合うことができるだろう。

まとめ

書いて発信し続ける。それだけで、人生は大きく動き出す。

value 14

快適な住環境

value 14

快適な住環境

住環境は、あなたの未来をつくる箱

value 14 快適な住環境

「家は人を創る」と言うが、これは事実である。

どんな地域、どんな街、そしてどのような家に、あるいはどのような間取りの部屋に住むかによって、その人の人生は変わる。

性格やセンス、頭の中の人生構造も変わってしまう。


私もこれまでいろいろな場所に住んだことがあるが、住む場所によって性格が少々変わったように思う。自分にマイナスになるような場所もあれば、逆に大きくプラスに働くような場所もあった。

私は、自分の住環境選びに決して妥協はしない。徹底して探す。

また、近隣に住む人との相性も考慮する。地域の人柄が自分の性格と合うか、合わないか、などということも熟慮する。

「住めば都」という言葉がある。しかし「住めば都」になるのは喜ばしいことではない。その地域との不協和音に慣れてしまい、本当の自分を出さずに、人生を台無しにしてしまっている可能性もあるからだ。どこの町かは具体的には書かないが、私にもそのような経験がある。

明るく積極的な人の多い土地柄に住む人が、その逆の文化の土地柄に暮らせば、やっかみやいじめ、あるいは話題が合わないことで大いに苦しむだろう。同時に、自分の長所も磨かれないまま、ムダな人生を送ってしまうことになる。

多くの人はその事実に気づかないふりをして、なあなあにする。しかし、ここでなあなあにしたことが将来、一生を棒にふる要因となる。

住む場所は、徹底的に変えたほうがいい。

性格が消極的で、あまり躍動的に生きたいとは心底思わないタイプの人もいる。静かに暮らしたい、大人しく、控えめな人たちの中で暮らしたい、知性もそれほど必要ではない、と考える人もいる。そのような人たちが、文化的で知的水準も高く、恋の花咲く大都市に暮らせば地獄である。周囲との不調和に苦しみ、心を閉ざして生きるしかなくなってしまう。

住む場所を決めるときは、自分の性格、なりたい自分と地域性、住む場所をきちんと照らし合わせて、本当に合う場所に住むことが大切だ。

もし、もともと性格が消極的で暗い人が、明るく積極的でユーモアがあり、知性が高く、恋を楽しめるような性格に変わりたいと思うのであれば、どんなに苦しくてもスパルタトレーニングだと思って、憧れの人たちが住む町に引っ越すのが得策である。

住む場所を変えた瞬間、良好な人間関係が生まれ、人生が充実し、心の平穏と安らぎが訪れることが本当にある。なりたい自分に向かって、どんどん成長していくことなども往々にしてあるのである。

特に地方に住んでいるときは個性的すぎて周囲から煙たがられていた人が、大都市、あるいは海外のもっと自己主張のしやすいエリアに移り住んだ瞬間、才能が開花し、大成功するケースもある。

その逆に、大都市に生まれたが、都会の喧騒があまりにも合わない人もいる。そのような人は地方にIターンすることで、本当に自分の人生を生きられるケースもある。

冒頭にも書いたが、住む地域だけでなく、部屋の中身、デザイン、間取りなども重要である。

私は20代の頃から約20年間、常に2つの家を持つ生活をしている。

生活臭のする家にずっと暮らしていると、我ながら心が荒《すさ》むときがある。そういったときは、セカンドハウス兼アトリエでしばらく生活をする。すると、心の中がすっきりする。

いかに同じ場所に暮らし続けることが心を曇らせるかということに、いつも驚く。

整理整頓された美しい部屋。それがあなたのプライベートタイムのワンシーン、ワンシーンとなる。

物が散らかった雑然とした部屋、物が多すぎる部屋。そのような所に住み続けると、やはり雑然とした性格になってしまう。そして、美しい未来、理想の未来を描くことを、いつの間にかあきらめてしまいかねない。

住む場所は慎重に、そして貪欲に選んだほうがいい。

たとえお金を稼いでも、住む場所を間違えてしまえば、あなたの人生は台無しになってしまう。

今こそ、心を落ち着けて、自分の住む場所は本当にそこでいいのか、もう一度考え直してみよう。

まとめ

お金を稼ぐ努力の前に
「住む場所選び」をしよう。

value 15

元気な声

value 15

元気な声

元気な声は
幸運を呼んでくる

人生をよりよくしたければ、声を意識する必要がある。声はその人の印象を左右するからだ。存在感そのものを変えてしまうといっても過言ではない。

ビジネスにおいては、その人の説得力すら変えてしまう。同じ内容をプレゼンテーションするにしても、元気よく、ハリのある声を発することによって、相手への伝達力、そして説得力は大きく変わってくる。伝わり方が変わり、あなたのプレゼン内容の価値は、何倍にもふくれあがる。

学生時代の部活を思い出してほしい。運動部に所属していた人は、かけ声をしたと思う。かけ声をかけることで、自分たちを鼓舞していたはずだ。しかし実は、あなたのかけ声は、それを聞いた他のプレーヤーたちを元気づけていた。彼らの背中を温かく押していたのだ。

仕事以外のプライベートでも、声は元気なほうがいい。出会いの瞬間もそうである。パーティーや食事会で異性と出会うときも、自信のない小さな声で話すよりは、メリハリのある元気な声で話したほうが、断然好印象を持たれやすい。

女性からすれば、声が聴き取りづらく、元気のない男性に魅力を感じないという本音もある。

元気な声を心がけるだけで、少しずつあなたの人生の風景は変わっていく。

少なくとも相手に「え!?」と聞き返させるようなことがあってはいけない。相手にストレスを与えること以外、何も与えない。

会社によっては、社内が静かで声を出しにくいというところもあるだろう。

私にも経験がある。とても静かな雰囲気の会社であった。元気にあいさつをすると、逆に嫌がられ、煙たがられた。そのようなときに大きな声であいさつし続けるというのは、なかなか難しい。しかしできるだけ周囲の人たちにも元気をふるまう

value 15 元気な声

気持ちであいさつをするといいと思う。

今日一日、なるべく大きな声で会話するように心がけてみよう。カフェに入ってオーダーするときも、いつもよりも大きな声を心がけてみる。それによってあなたの一日は、元気色に塗り替えられる。

それを1年間続けるとどうなるか。

あなたの人生は活気に満ち、元気な人たちが周りに集まるようになる。

幸せな人生が手に入るということだ。やらない手はない。

「元気な声で話すこと」

それはお金だけをせっせと稼ぐことに集中しすぎて「見落としてしまっている大切なこと」のひとつである。

まとめ

元気な声が、周囲を良き縁で満たしてくれる。

value 16

自分主催のイベント

value 16

自分主催のイベント

自分主催のイベントは、心の絆を深める

自分でイベントを主催することは、人生においてとても大切なことである。自分主催のイベントは、お金で買うことはできない貴重な体験である。逆に言えば、お金がなくても、開催することによって心の満足感、そして「生きていてよかったな」という達成感や充実感を手に入れることができる。

ではなぜ、この自分主催のイベントを開催することが、お金で買えない大切な価値を得ることにつながるのか？ それは、**自分のアイデアを映した空間に、自分に共感した人たちを集めることで、共感し合いやすい時間を過ごすことができるから**である。

来場する人は、あなたが声をかけた人たちになる。いわばあなたが「好きな人」である。しかも彼らは、あなたが主催するイベントのコンセプトに共感した人々だ。自分の世界観に共感してくれた人々が大勢集まることは、私たちにとって、とてつもない満足感と自己肯定感を得る機会となる。

さらに、自分主催のイベントのいいところは、**そのイベントに参加して楽しいと感じてくれた人たちが、あなたに感謝する**ということである。

人間は感謝された瞬間に、最も高い幸福を感じると言われている。それをいつでも好きなときに、好きな空間で、好きな人たちを集めてつくることができるのである。

私は10代の頃から数々のイベントを開催してきたが、いまだに25年以上前に開催したイベントのお礼メールをいただく。

「あのときの感動は一生忘れません。またあのようなイベントに参加したいです」という内容のメールだ。すばらしいイベントは、主催者と参加者の間に、「思い出」という心の絆をつくりあげることができるのである。

また、イベントでは、一生続く友情が生まれる。恋も生まれる。恋はやがて結婚へとつながり、新しい生命の誕生にもつながる。私が開催してきたイベントの中には、おそらく数え切れない人々の結婚が成立し、そして家族が生まれ、新しい命が誕生している。自分主催のイベントを開催するということは、人々の人生を変え、家系図を新しくつくる、すばらしい創造行為なのである。

これほどに調合された人間関係をつくることは、まずないといっても過言ではない。ましてや会社でつくるのは難しい。会社に集まる人々は、あなたが選ぶことはできないからだ。あなたが社長ですべての面接を預かるのであれば話は別だが。

だからこそ、自分主催のイベントには意味がある。自ら企画し、自ら創造した世界観の中に人々を導く。あなたがイニシアチブをとるからこそ、調和された空間、人間関係が成り立つのである。

会社の人間関係を大切にしたいというスタンスの人がいる。そういう生き方も否定はしない。一生続く人間関係が、そこで得られるかもしれない。

しかし私の場合、あるいは私のような人種の場合、それは成り立たないことも多い。私がかつて勤めていた会社の人脈は、今はまったく存在しない。しかし、25年前に開いたイベントに参加していた人たちとの関係は、今でも良好に続いている。

自分の世界を持つ。そして共感者を得る。そのことによって、社会の枠組みや会社の仕組み、経済状況は関係なく、一生続く絆を得ることができる。自分主催のイベントが、お金では買えないとても大切なものをくれる。

最後にひとつだけ。イベントはできるだけ参加しやすい価格で開催するのが望ましい。参加費が高すぎるイベントは参加者のストレスになりかねないからだ。

まとめ

会社の人脈は消えても、「自分主催イベント」の人脈の絆は、一生消えない。

value 17

持ち歌

value 17

持ち歌

「持ち歌」は、別の自分になれる最大のチャンス

value 17 持ち歌

あなたに持ち歌はあるだろうか？　持ち歌とは、一番得意な曲のことだ。
会社の同僚や上司とカラオケに行くことがあるだろう。
「何か歌いなよ」と言われたときに、どう答えるか。
「いえいえ、何も歌えませんから」と言った瞬間、言ったほうは気まずくなる。周りの空気も一気に白ける。だが、持ち歌があると、あなたも他の人も救われる。場の空気が持ち、盛り上がりのひとときを楽しめる。

歌える曲が1曲ぐらいあったほうが、社会では通用しやすいということだ。

持ち歌があると、ドライブ中、大声で歌って感情を爆発させることもできる。お腹から声を出せば、不思議と気分が晴れる。好きな曲を、何か作業や掃除をしながら歌えば、楽しみながら作業ができる。持ち歌には、人生の1ページ、1ページをより楽しくする効果がある。

たかが歌と侮《あなど》るなかれ！　歌を歌っている間、あなたは、普段とは違う〝別の自分〟を表現することができる。

人は成長とともに、歌うことを忘れてしまう。

口ずさめる歌がないということは、別の自分になれるチャンスを逃すことを意味する。持ち歌のない人、口ずさむ歌のない人の人生は、つまらない。

音痴でもかまわない。カラオケで音痴を売りにして一生懸命歌い、笑いをとってみてはどうか。それは金持ち自慢をする何倍も尊敬される。

ぜひ、持ち歌を1～2曲見つけてほしい。その持ち歌が、あなたの人生を必ず楽しくしてくれる。

まとめ

持ち歌があるだけで、つまらない空気をひっくり返せる。

value 18

応援する気持ち

value 18

応援する気持ち

誰かを応援することで
エネルギーをもらえる

あなたには、心から応援したいと思える人がいるだろうか。学生時代の仲間、職場の同僚や後輩、友達、家族、スポーツ選手……どんな人でもいい。応援する対象がいるだけで、人は前向きで強い心を得ることができる。

応援する気持ちが強ければ強いほど、あなたは相手に同調することになる。彼らの勇気や野望、人生経験などが、まるで自分ごとのように思えてくる。そのうち、応援の対象と自分が同化するのである。

「（自分もあんなふうになれるよう）頑張るぞ」とは決して思わない。「あいつが成功したのは運だよ」「たまたまうまくいっただけだ」というふうに、相手の荒探しばかりする人がいる。そのような人は、心のエネルギーを充填《じゅうてん》する機会をドブに捨てる人生を歩む。

そんな人にならないためにも、試しに、周りの誰かを全力で応援してみてほしい。

応援するうちに、その誰かの熱や想いがあなたの中に流れ込み、心が熱くなってくるだろう。

誰かを応援するという習慣を持つだけで、あなたの人生は楽しく、輝きに満ちた、陽気なものに変わっていくのである。

「俺とあいつとどっちが稼いでいるだろうか？」

そんなことはさておき、応援しよう。そのほうが、心の底から豊かになれる。

まとめ

年収の優劣に一喜一憂する暇があったら、隣人を応援せよ。

value 19

家族と子ども

value 19

家族と子ども

家族と子どもは、あなたを成長させる〝希望の生命体〟

子どもを育てはじめた瞬間、人は人生を真剣に生きはじめる。仕事に対し、真剣に向き合うようになる。目の前の仕事を愚直にこなすだけだった人も、一歩踏み込めるようになる。その結果、転職や独立をすることもある。

失敗して心が折れそうになっても、歯をくいしばる。**子どもや家族を食わせるという使命感が、人を踏ん張らせる。**「子ども」という守るべきものができたことで、体中にモチベーションがみなぎるのだ。

子どもを持つことで生まれる、もうひとつのもの。それは〝希望〟だ。

自分の子どもを見ていると、将来活躍し、人生を楽しむ姿をイメージできる。自分が息絶えても、彼らの中に魂が生き続けることに希望を持つことができるのだ。

子どもはひとりでは生きていけない。中学生や高校生になるまでは、物理的にも心理的にも親に依存することになる。そこであなたが必要とされる。だからこそ、頼れる大人になるために頑張ろうと思う。この「必要とされる喜びと生きがい」は、お金では決して買えない。

結婚に夢を持てない人、子どもが嫌いという人は多い。だが、子どもは、生きる醍醐味を与えてくれる。

もちろん、必ず結婚しなければならないということではない。結婚という約束事を交わさなくてもいい。あなたのことを心から心配し、病気になれば真剣に看病してくれる人。たとえ世界中を敵に回しても、最後の最後まであなたの味方になってくれる存在。それが家族だ。結婚していなくても、家族であることにかわりはない。

いずれにしてもそこに、必要とされる喜びがある。

まずはあなたが愛を与えよう。そして愛をもらおう。その愛に感謝しよう。

まとめ

子どもや家族を持つと、真剣に人生を生きるようになる。

value 20

借金

value 20

借金

借金は、本気で生きるスイッチを入れてくれる

借金は、生きていくうえで、大切な人生体験である。

借金があることで、人は仕事に対して真剣に向き合うようになる。

当たり前だが、借金は返済しなくてはならない。

たとえば住宅ローンという借金。これは大いに人間を育てる。会社の借金は、社員一丸となって頑張れば返済できるが、住宅ローンは、自分と家族が頑張らなければ、とうてい払い終えることはできない。

住宅ローンを背負うとプライドが芽生える。自分の城を得て、一国一城の主になったというプライドだ。住宅ローンの返済をしなければ、せっかく手に入れたこの城を失うことになってしまう。それは屈辱であり、何としてでも避けたい。住宅ローンを組むことによって、アメとムチを自分に課すことができるのである。

この**何らかのペナルティが、頑張る原動力になる。**

私も会社を辞める直前に、5000万円の住宅ローンを組んだが、そのおかげで、死に物狂いで頑張れた。

借金は、返さないとさまざまな弊害が生じる。

「次に借りにくくなる」ということだ。

ローンを組むには、金融機関から「あなたなら貸せますよ」というゴーサインをもらわないといけない。もし返せなければ信用は失墜し、次回お金を借りにくくなる。ある意味、ローンは社会全体との約束であるとも言える。

自宅住まいで、家賃もローンも払う必要がない男性がいる。年齢は30〜40代だろうか。その中には、あまり必死に働かない人がいる。自宅はもともと親が買ったものだから、家賃もローンも払う必要がないのだ。何もしなくても雨風をしのげる場所がある。もしかしたら、親がご飯を用意してくれるかもしれない。すべてが整っているとʼ、わざわざ自分が動かなくても……という気持ちになるのだろう。必死になる理由が見つからないのである。

もちろん全員が全員ではないが、やはり家賃もローンも払わなくてもいいという守られた状態に甘えてしまう人がいるのは事実である。

借金は、あなたに素晴らしい力を与えてくれる。返済し終わる頃には、あなたにはものすごい貯金力がついている。

月々10万円の住宅ローンを返しているのなら、年間120万円の貯金力が身についていることになる。家族で頑張って月々15万円の返済ができれば、年間180万円の貯金力だ。

住宅ローンを返済し終わった後は、不動産が手に入る。いわば〝お金を生む〟不動産が、あなたの元に残ることになる。その土地や建物、もしくは部屋を誰かに貸せば、収入を発生させることもできる。「不動産」という名前の通り、まさに動かずして収入を得ることができるのだ。

その空間はあなたの自由だ。場所によるが、お店を開いたりコミュニティスペースとして使ったり、いろいろな活用法が考えられる。発想次第でどのような形でも使える。

借金はあなたを馬車馬のように、お尻に火がついたよう働かせるジェット燃料だ。特に住宅ローンは、あなたを奮い立たせる非常にすばらしいツールとなるのである。

まとめ

借金は、あなたの中に眠っている可能性を引き出す。

value 21

バカになれる瞬間

value 21

バカになれる瞬間

バカになれば、自分をもっと好きになる

value 21 バカになれる瞬間

バカになれる時間は貴重だ。お金では決して買えない、大変価値のある時間である。バカになるだけで、あなたの人生は、いくらお金を積んでも買えないくらい〝豊か〟になる。

バカになる瞬間を持たない人は、人生が固く閉ざされ、「貝」のような人生を送ることになる。いったい何を守っているのか。守れば守るほど、痛々しくなることに本人は気づかない。あなたにも心当たりはないだろうか。

ひとりではバカになれない人は、自分を治療すると思って、友達と一緒にバカになってみよう。ただそばにいるだけで悪ふざけしたくなる友達。彼らこそ、あなたを鳥かごの中から放ってくれる存在である。

自分の失敗をみんなの前で惜しげもなく話し、笑い飛ばす。リストラ、借金、トラブル、手酷い失恋……それらを赤裸々に、明るく、多少の自嘲も込めたオチを含めて話す。

バカな失敗談を晒《さら》すのに、ためらうことなんかない。周囲は必ず、あなたに親近感を覚える。**完璧なスーパーヒーローより、ダメダメでも困難を乗り越える人間のほうが、何倍も人の心を動かし、そして好かれる**のだ。

バカになれるだけで、人は自分を好きになれる。バカになって語らったりバカになって遊んだりすることによって、一生忘れない思い出や絆も生まれる。それらはいくらお金を積んでも買えない宝物ばかりである。

まとめ

バカになれ！

大金を持つよりも豊かな気持ちになれる。

value 22

毎回参加する交流会3つ

value 22

毎回参加する交流会3つ

交流会は、退屈な毎日から
あなたを救ってくれる

交流会への定期参加を生活の中に取り入れることによって、あなたは退屈な毎日から逃れることができる。

毎日決まった時刻に、決まった職場に出掛けて行き、同じ顔ぶれのメンバーと顔を合わせるだけの日々。それでは、多少仕事の緩急に変化があったとしても、さして変わらない日常が続くだけだ。職場でいつも同じメンバーと、仕事のトーンで話す。それでは、退屈な日々からは抜け出せない。

そこで、毎回参加する交流会を、3つ以上持ってみよう。それだけで、あなたの日常が大きく変わり、心の均衡がずっと保たれることになる。

交流会といっても、メンバーが一定の割合で刻々と入れ替わっていく、流動性のある交流会がオススメである。**ずっとメンバーが固定したままだと、いずれ人間関係に新鮮味がなくなり、刺激を感じなくなってしまうから**だ。できれば、あなたが没頭できる、趣味に関係したコミュニティが望ましい。

世の中には、ワインやグルメの会、語学やビジネスの勉強会、ジョギング、フットサルといったスポーツの会、その他さまざまな交流会が存在する。

会の名称などなくてもいい。突発的に友達が開催する小さなイベントなどでもいいだろう。1ヶ月に1度とか、2ヶ月に1度といった具合に、なんとなく定期的に開催されているようなら、それも立派な対象になる。

参加するときは、ぜひ友達を誘ってみるといい。主催者が人集めに困っている場合も多々あるからだ。素敵な友達を連れて行けば、それだけで主催者に喜ばれるだろう。

なぜ、参加すべき交流会が「3つ」なのか？　ひとつだけだとマンネリ化するからである。3つあれば、ひとつの会で出会った人を、また別の会に連れて行ける。そこからまた、新しい人間関係ができていく。メンバーに流動性がある会を選ぶだけでなく、さらに流動性を高め、人の交流を活発にしていくことになるわけだ。人間関係に広がりができれば、会の楽しみ方の形も、また広がっていく。

あなたが参加できる交流会を3つ持つということは、心のサテライトを3つ持つのと同じだ。それはあなたにとって、心のエスケープゾーン、つまり創造的な逃げ場所になる。

職場と家。それ以外に自分の場所を持たなかったあなたの生活が、飛躍的に変わる。**人生を楽しむにあたっては、仕事も家庭も重要だ。しかし、その他にどれだけの奥行きを持った日常を生きられるかということが見逃せない。**

3つの交流会が、必ずあなたの世界の奥行きを広げてくれる。職場と家との往復しかない無味乾燥な日常からあなたを解き放つ。

交流会では、必ずしも参加者全員と仲良くする必要はない。もちろん大人のたしなみとして、顔を合わせたときにはどの参加者にも笑顔で接する。だが、その中でも深く交流するのは限られた人たち、自分が気に入った人たちだけで十分である。せっかくのエスケープゾーンで、気が重くなるような人間関係を無理につくってしまったら、何の意味もないのだから。

まとめ

心のエスケープゾーンを社外に持とう。

value 23

仕事抜きで語り合える友達

value 23

仕事抜きで語り合える友達

友だちと語り合うだけで「ビジネスアンドロイド」から抜け出せる

value 23 仕事抜きで語り合える友達

あなたには、語り合える友達がいるだろうか。

仕事の話をする同僚ではない。商談をする取引先の人など、もってのほかだ。どこまでもとりとめのない話、バカな話を、飽きずに何時間でも、それこそ時間を忘れて交わせる友達のことだ。

お金を稼ぐための手を休めて、そんな友達をつくることをオススメしたい。仕事も日常も何もかも抜きにして語り合える友達は、お金よりも大切な存在価値を持っている。

なぜお金よりも大切か？　それは、心の平穏を保つことができるからである。

心の平穏は、お金だけでは絶対に買えない。

人間は、友達がいるだけで、日々を心安らかに過ごすことができる。ましてやその友達と語り合うことで、あなたは大きな得をする。ただとりとめのない話をしているだけでも、実はあなた自身の心を整理することができるからだ。
あなたが感じていることを相手に話したときに、相手は必ずしも、あなたと同じことを、同じように感じてはくれないかもしれない。相手の反応を見て、意見を聞いて、そのことに気づく。相手は物事を、自分とはまったく違う見方で捉えているのだと。

また、見える景色も互いに異なる。その相手と話すことによって、自分とはまったく違った人生の見え方を、生きていく中で知ることができるのだ。

何も友達と語り合わなくても、人生を違う観点から見るきっかけはつくれるかもしれない。
たとえばセミナーに参加したり、ドラマティックな人生を生きた人の伝記を読むことでも、自分以外の感覚や知識、教訓、経験を自分の中に取り入れることはできるはずだ。

しかし、友達と話し、その人が自分の話に対して示すこまやかな反応を見ることによって、セミナーや伝記などでは得られない、もっともっと身近でリアルな人間の心の動きを、微細にキャッチできるのだ。

そこから必ず、あなたはある気づきを得る。自分の視点と、それを基にしたこだわりが、取るに足らないものであるということを。

あなたが「絶対こうでなければならない」と思い込んでいることがあるとしよう。そのせいで周りの人とぶつかり、うまくいかなくてイライラすることもあるだろう。誰かを傷つけたり、自分を責めたりもする。

だが、仲のいい友達、いくらでもとりとめのない会話を楽しめる友達でさえも、自分とは違う見方、感じ方をしているとしたらどうだろう。周りの人たちは、もっと自分とは違うと思わないだろうか。だから当然、自分の思い込みやこだわりが、周りの人たちにすんなり受け入れられるはずもない。

それならいっそ、自分のかたくななこだわりを壊してしまえばいいと気づく。ひとつの考えに固執することなど、バカらしいとすら思えるはずだ。

友達と語り合うということは、ひとつの考えに固執している自分を壊すためのエクササイズである。こだわりが消えて柔軟になれば、苦しみだって消えるのである。

友達と腹を割って一晩中語り明かせば、自分とその人の視点の違いを、リアルに、たっぷりと体感できる。するとあなたの中に、多様な価値観、感性が生まれてくる。あなたの心は柔軟になり、許容範囲も広がっていく。やがてそれが、あなたの人生のハンドルの〝遊び〟となる。

人生のハンドルも、自動車のハンドルと同じである。〝遊び〟が少ないと、車は運転しにくい。〝遊び〟がないおかげで、ちょっとしたハンドルのミスが事故につながってしまうこともある。

人生も同じだ。〝遊び〟があったほうがスムーズに進む。事故だって起こしにくい。狭い価値観しか持たなかったときには見えなかったことも、許容範囲が広がることで見えてくる。自分の狭い価値観に固執しなくなれば、周りの人のいろいろな価値観にも目がいく。

語り合うことで、互いの長所をわかち合うこともできる。その人の性格がとても優しければ、あなたも自然に影響を受けて、優しく生きなければならないと思うようになる。その人の生き方が貪欲であれば、あなたもまた、もっと貪欲に生きたいという気持ちを駆り立てられるに違いない。

彼女や妻、家族、同僚には言えないようなことを、友達の前で思い切って話してみよう。そこで価値観や知識を共有するだけで、あなたの心は柔らかくほぐされて、

「偏屈病」が緩和されるだろう。心の凝りも、筋肉痛も、いつの間にかすっきり取れてしまうのだ。

まとめ

語り合うことで、相手の視点や長所を自分に装備できる。

value 24

社会愛

value 24

社会愛

社会への愛が、「お金」に飢えたゾンビ化を防ぐ

お金よりも大切なことのひとつに**「社会愛」**がある。これは、「社会の役に立ちたい」「たくさんの人を幸せにしたい」といった社会への愛である。日々の仕事が誰かの役に立っている、世の中をよくしている、と思えれば、人は変わることができる。辛くて地味な作業でも、乗り越えられる。

「社会愛」を持つだけで、お金ではかれない新たな尺度が見えてくる。「何のために仕事をしているのか」が明確になる。

報酬を得ることとはまた違う、高い意義と興奮を感じることができるようになる。

生活のためにお金を稼ぐことは、大切なことだ。だが、自分の仕事の社会的意義を考えずに働き続けるのは少々さみしい。

「世の中を変えてやる」「大勢の人を幸せにしてやる」という気持ちを抱くだけで、あなたの行動が変わる。周りの役に立つことを探るようになる。周りの信頼は何倍にも膨らみ、成し遂げたときの達成感もひとしおだろう。

社会愛を持って生きることは、周りの誰かを幸せにするという意識を持って生きることである。人は生きる目的、働く目的を持つと、どんな仕事でも楽しくできる。お金を稼ぐだけの辛い作業ではなくなる。高揚感すら感じられる。

お金のためだけに働けば、心はいつかお金に殺される。人生を恨み、周囲を妬む。お金を持ったら持ったで、おごり高ぶり、金で買えないものはないと思い込む。こうなってはいずれにしろ、金に殺された生ける屍《しかばね》だ。そうならないために、仕事に「お金儲け以外の意義」を持とう。その最短距離が「仕事を通じて社会に愛を放出する」ことだ。

まとめ

社会に愛を放出しながら仕事をすると、どんな仕事も楽しくなる。

value 25

思い出の曲

value 25

思い出の曲

思い出の曲は、あなたを別世界へ連れて行ってくれる

音楽には不思議な力がある。聴くだけで鮮明な思い出がよみがえってくる。試しに今から1時間、過去に聴いていた曲、大好きだった曲を聴いてみてほしい。

かつてあなたの心を揺さぶった曲を耳にした瞬間、あなたの脳裏には、当時食べていた食べものや味、そのとき嗅いでいた匂い、触っていた感触、目にしていた景色など、さまざまな光景がよみがえる。

以前付き合っていた彼女と聴いていた音楽を聴けば、当時話していた会話の内容や香水の香り、抱きしめたときの肌の感覚などすべてがよみがえる。

「あのときあんなことを言わなければよかった」「別れたけど、彼女と一緒にいる時間は楽しかったな」など、日記を一ページ一ページめくるように、あなたが過去体験したことがありありとよみがえってくるのである。

音楽は、心のタイムマシンだ。

あなたの心の中にある思い出をいつでもよみがえらせ、あたかもタイムスリップしたかのような錯覚を与えてくれる。**音楽さえあれば、いつでも現実逃避をして別世界に自分の身を投じることができる。**あなたはいつでも、自分が脚本・監督・主演の「思い出映画」という短い映画の中に、自分を映し出すことができる。

お金を稼ごう、稼ごうと鼻息荒く生きていると、心が疲弊してしまう。疲弊しきるその前に、どうか思い出の音楽を検索し、まずは60分間、思い出に浸ってほしい。自分が今生きていること、そしてかけがえのない人生を送っていることを思い出すことができるはずだ。

まとめ

思い出の曲を聴くだけで〝人生捨てたもんじゃない〟と思える。

value 26

ドライブの時間

value 26

ドライブの時間

ひとりドライブは、お金では買えない超VIPな自分空間

ドライブの時間

一人でドライブする時間は、かけがえのない大切な時間である。お金を稼ごうとする思考をちょっと止めて、車を一人で走らせる時間を確保してみてほしい。

車は一人で乗り込むと、自分だけのプライベートスペースになる。電車のように、知らない人やうるさい人はいない。人の出入りもないので、好きな時間、好きなように過ごすことができる。交通ルールにさえ気をつければ、特別気を遣う必要もないのだ。

好きな音楽を聴きながら、好きな場所に出かけることもできる。そして、好きな景色を見せてあげることもできる。

車は、自分のご機嫌をとるための最高のパートナーなのである。

茫然《ぼうぜん》自失《じしつ》のワーカホリックの日々。

そんなときこそ、喧噪《けんそう》を離れてひとりになる時間が必要だ。車に乗って、好きな場所に行って、好きな景色に浸り、好きな曲を聴く。それだけであなたは完全に「今」を楽しむ自分になることができる。ドライブする時間を設けることによって、あなただけの時間を過ごすことができるのである。

最近は、パーキングでレンタカーを借りることもできる。

どこまでも続く終わらない仕事をドライブで断ち切ってみよう。お金を稼ぐために使っていた頭がリフレッシュされ、人生を楽しむためにフル回転しはじめる。

まとめ

ドライブで自分のご機嫌をとると、新しい発想が生まれてくる。

value 27

一人旅

value 27

一人旅

一人旅は、人生のビジョンを描く絶好の機会

車を持っていない人にオススメなのが、一人旅である。
一人旅は、お金を稼ぐことよりも大切にしてほしいことのひとつである。

旅というと、週末を使った一泊、二泊の旅をイメージしてしまうかもしれないが、そうとは限らない。半日の旅でもいい。平日に半休を取って、電車で海や山、景色のきれいなところに一人でふらりと出掛けるのも、とても効果的である。**周りの喧騒からいったん距離を置くことによって、今の心の状態を知ることができる。**

心を整理整頓し、未来への地図を描くこともできる。旅の最中というのは、自分さえその気になれば、人生のビジョンが思いのほか湧きあがってくる。人生をつくるための、大切な時間になる。

これからどう生きるべきか。人生の羅針盤が狂っていないか。それを確かめるためにも重要である。生きるべき方向がおのずと見えてくる。

お金を出して買えるものは、世の中にたくさんある。食べ物、洋服、インテリア、車、宝石、家……それらを買うのをしばし我慢する。そして少し浮いたお金で、一人旅に出掛けてほしいのである。

今の心の状態を知り、整理整頓し、近未来の地図を描く。人生の整理整頓をし、未来の展望を描く。一人旅はそのための、とても大切な作業場所となる。

まとめ

旅——それは、行くあてのわからない金稼ぎレースを見直す絶好の機会。

value 28

早起きと朝活

value 28

早起きと朝活

朝の1時間は、アイデア量産タイム

朝はアイデアが浮かぶ最高の時間だ。朝考え事をすると、たちまち問題を解決する方法が浮かんでくる。人生の構想が、堰《せき》を切ったようにあふれてくる。

しかし、出勤時間ギリギリに起きたときはどうか？　頭の中は会社に辿り着くこと、ただそれだけに支配される。焦っているから、気になる問題も解決できない。会社に着いたら、新たな仕事にただなだれ込むだけ。

私も物事がうまく進まないときは、とりあえず早起きをする。すると問題点が解決するばかりか、人生がプラスに転じる素晴らしいアイデアが、どんどん浮かんでくる。

人生の問題は、解決のタイミングを間違えると悪化する。問題を放置せず、早起きして早期解決。すると、心はどんどん軽くなる。

早起きが不得意な人は、朝活に参加しよう。それで早起きせざるを得なくなる。寝坊でもしようものなら、「約束を守れない人」というレッテルを貼られ、信頼を失うからだ。その恐怖が強制力になるというわけだ。
朝活の主催者になる手もある。是が非でも出席するしかなくなる。
朝活には、人生を前向きに歩もうという意識の高い人が集まる。そういう人のパワーを得ると、人生において大きなプラスになる。

今お金に困ったり、行き詰まっている人。生活のためにひたすら職場と家の往復をしている人にこそ朝活をおすすめしたい。朝の出会いによって「やる気」「豊かになる考え方」が湧きあがる。お金はほとんどかからない。これはやらない手はない。

まとめ

早起きが、どん詰まりの生活からあなたを救い出す。

value 29

ニックネーム

value 29

ニックネーム

ニックネームは、人間関係をスムーズにする飛び道具

あなたにはニックネームがあるだろうか。

ニックネームを持つと、とてもいいことがある。

初対面の人に、あなたの名前を覚えてもらいやすくなるのだ。

初対面で人は、「名前を間違えないだろうか」とか、「この人の名前、何と読むんだろう?」などと、不安を感じながら会話を進めていることが多い。

そんなとき、覚えやすいニックネームがあれば、その場で名前を覚えることができる。名前を覚えてもらえるということは、相手があなたの名前を気軽に呼ぶことができるということだ。それはすぐに仲良くなれるということを意味する。

また、ニックネームは、名字よりも親しみやすい。時がたっても思い出してもらいやすいというメリットもある。


自分から言い出すのに抵抗があるという人は、友人や知人が自分をどう呼んでいるか、伝えるのもいいだろう。ちなみに私は「潮凪（しおなぎ）」という名字にちなんで、DJをするときには「DJ　NAGGY（ナギー）」と呼ばれている。「潮凪さん」と「ナギー」とでは、親しみやすさがまったく違うのをおわかりいただけるだろうか。

ニックネームひとつで、フレンドリーな状態を維持しながら毎日を過ごすことができる。これはお金を出しても買えない人間関係力のひとつである。

ニックネームを持つようにしよう。あなたの人間関係は今までより格段にスムーズになり、仲良くなるスピードも早まるはずだ。

まとめ

自分のニックネームを言うだけで、超高速で仲良くなれる。

value 30

掃除と整理整頓

value 30

掃除と整理整頓

掃除をすればするほど、アイデアが生まれてくる

世の中は、お金で買える快楽があふれている。しかし、掃除と整理整頓の時間で感じられる快感、喜びは、お金では決して買えない貴重な感覚だ。

整理整頓と掃除は、大変億劫な作業だ。散らかっているほど、やる気も出ない。散らかったまま時がたてば、それが当たり前の風景にもなる。重くなった腰を、なかなか上げられない。

しかし、嫌々でもはじめてしまえば、だんだん楽しくなってくるから不思議だ。きれいになっていく様子がどんどん視界に入ってきて、あなたの脳の中に、快楽を生み出す。部屋の中がピカピカになると、あなたの心の中もなぜかピカピカになり、快楽で埋め尽くされる。

部屋が片づくと、不思議な現象が起こる。なぜか心の中に存在する問題点や解決しなければいけないことも、一緒に整理整頓されていくのだ。**山積みになっている**

問題が、掃除をしながら整理されてしまう。その後で重要度の高い問題を考えると、解決策が導き出されてくる。

整理整頓や掃除は、お金を稼ぐ手を休めてでもやってみる価値がある。たくさんのアイデアがわき出てきて〝生き方〟が変わる。掃除とは実は、クリエイティブな作業なのである。

まとめ

部屋が片づく頃には、重要な問題も片づいている。

value 31

親孝行

value 31

親孝行

親孝行をすると、親もあなたも救われる

あなたも含め、日本の働く人たちはみな、とても忙しい毎日を過ごしている。生きるため、そして自己表現するために目の前の仕事に集中し、精いっぱいの毎日を過ごしている。

自分の人生を生き、輝くということは、親孝行のひとつの形である。しかし、親も人間だ。口では何も言わなくても、寂しかったり、時々話し相手になってほしかったりするのではないだろうか。

親孝行は、お金よりも大切にしたいことのひとつである。できれば親と一緒に過ごす時間を捻出したい。

親孝行をして救われるのは、実は他でもない「あなた自身」である。

無償の愛情を注ぎ、育ててくれた親もいれば、いびつな愛の形を押しつけてきた親も、愛が乏しかった親も、いろいろいると思う。

しかし、それでも彼らは、あなたを育てるために人生の大量の時間と労力、そしてお金を割いて向き合ってくれた。

さらに親の背後には、何代も続く先祖がいる。遠い昔、数々の飢饉や戦争の時代を生き抜き、命をつないできてくれたのが彼らだ。それぞれの命懸けの一生なくして、あなたの存在はあり得ない。そのことにもぜひ思いを馳せて、先祖に感謝する。そんな機会も、ぜひ持ってほしいと思う。

まとめ

何代もの先祖から親へと、命をつないだ先の〝自分〟を意識する。

value 32

「いいね、それ！」という口癖

value 32

「いいね、それ！」という口癖

「いいね、それ！」から、前向きな会話がはじまる

value 32 「いいね、それ！」という口癖

口癖が変われば人生が変わる。それは事実である。

あなたの前向きな口癖は、人間関係を根本から変えていく。あなたの周りの人間関係まで変えていく。同じように、前向きに物事を捉える人がこぞって集まりはじめるのだ。あなたの人生が、たちまち好転する。


たとえば会話の最中。あなたの友人が「今度登山に挑戦してみたいんだ」と言ったら、あなたはどう返すだろうか？

「いいねそれ」「おもしろそうだね」と返しているだろうか。

「え〜、でも大変なんじゃないの〜」「え〜、つらいんじゃないの」「山は危険なんじゃないの」といった言葉を返してはいけない。その瞬間、あなたはお金では買えない大切なものを失うことになる。相手はもう二度と、あなたに登山の話はしてくれなくなるだろう。

そしてあなたがいつかこの先、何かに挑戦しようとしても、きっと「いいね」と

は言わない。「え〜、それってダサくない？」と、バッサリ否定されるだろう。

人が何かをやりたいと思っているときは、「いいね」「おもしろそうだね」と言ったほうが断然いい。もちろん、それが違法なことや人に迷惑をかけるようなことの場合は別である。


前向きな口癖、前向きな返しは、相手のやる気に火をつける。ますますそのことにのめり込んでみようと行動を促す。相手はもっともっとそのことについて、あなたに話したくなるだろう。


人生は短い。時間は限られている。

自分にも相手にも、行動を抑制する言葉しか発しない人生なんてつまらない。

自分を前向きにする言葉、相手の背中を押す言葉を口に出して毎日を過ごしたほうが、人生はずっと有意義になる。

value 32 「いいね、それ！」という口癖

自分のやりたいことを話して、相手が「いいね」と言ってくれて、会話が弾んだら、こんなにうれしいことはない。いつも口癖のように「いいね」と言う。そこには、前向きな口癖でつながった肯定的ですがすがしい人の輪ができる。

もっとこの会話を楽しむ方法がある。

たとえば登山に挑戦したいと話す相手には、それをもっと楽しくする便乗発展型のアイデアをプレゼントするということだ。「じゃあ今度みんなで山に行こうか」という具合に。相手はきっと、ものすごく喜ぶ。

常日頃から意識して前向きの連鎖をつくっていくと、あなたの周りはたちまちパラダイスになる。あなたが何かをやろうとした瞬間、相手がもっと盛り上げるためのアイデアを提案してくれる。さらに人の輪ができる。前向きに、もっと人生を楽しむ方法をプレゼントし合う集団が、たちまちできあがる。

人生のパラダイスができあがる。
お金があるだけでは手に入らない、至福のパラダイスである。

まとめ

前向きな言葉が人の輪を呼び、生きることが楽しくなる。

value 33

合わない人を断ち切る習慣

value 33

合わない人を
断ち切る習慣

相手を選ぶと よりよい仕事が できるようになる

お金をせっせと稼ぐために多くの人が我慢をしている。何を我慢しているか？それはストレスフルな人間関係を、である。

目先のお金を稼ぐために〝嫌な人間関係〟にただ耐えることよりも大切な習慣がある。それは、**自分とは相性が合わない人と無理につき合わない**ということだ。

世の中には、相性が悪い人とも、無理して会っている人が大勢いる。売上を上げるため、収入を上げるため……いろいろと理由をつけてはいるが、結局のところ、お金のことを優先するあまり、自分の本心とは違う行動を取っているのだ。

私にも会社員時代、その経験がある。しかもその日数は4年以上に及んだ。耐える習慣、気持ちを殺す習慣、演技の習慣が大いに身についたと思う。

世の中には、思い通りにならない人間関係もある。そして何をどうあがいても、善意の気持ちを持っても、それを悪意と捉えられ、まったく不毛で不快で、報われない人間関係もある。そのことを学ぶことができた、いい勉強になった。
しかし、ディフェンスの練習にはなったが、創造の練習にはならなかった。
それは、羽をもがれたまま「奴隷として生きる」練習でしかなかったのだ。

たとえ仕事関係といえども、あらゆる手段を使って嫌な人との接点を避ける。その努力をしてほしい。その、一見〝社会不適合者〟と思われる努力が、大きな創造と自分らしく正しい成果を産み、多くの人を喜ばせることへとつながる。

以前、驚くほど嫌な態度をとるビジネスクライアントがいた。月20万円以上という破格の原稿料をくれてはいたが、私のほうから仕事を断った。もったいないと思った。しかしその後、また新たな仕事が舞い込んだ。それは、いつも笑顔で会話を交わせるような相手だった。

たとえ仕事でも、つき合う相手は最大限に選んでいい。

お客さんを選ぶと、いいことがある。集中力と顧客への愛情が深まり、より良い仕事をできるようになるのだ。

気持ちを込めて高いクオリティを目指せる、今まで以上に高いモチベーションで仕事に臨み、成果を上げようと努力するだろう。


プライベートで嫌な相手とつき合うのは、愚の骨頂である。

相手に悪いから、角が立つからといって、嫌な相手とプライベートまでつき合う人も大勢いる。これは、自殺行為でしかない。自分で選べるにもかかわらず、自分から不快の渦に飛び込んでいる。強い心で、合わない人との関係はどんどん断ち切る。それを習慣にしていくべきだ。

人生は短い。**できるだけ好きな人とつながり合うことが大切である。**

地球上には、あなたがつながってもつながってもまだ足りないくらい大勢の相性ぴったりの人が存在している。

仕事、遊び、友情、恋愛、交流会。すべてを「好きな相手」で埋め尽くす。すると、その後何十年の人生を、あなたはとても有意義に過ごすことができる。お金を追うあまり、毒々しい人間関係に殺されている時間はもうない。

まとめ

地球上の〝大好きな相手〟との出会いで残りの日々を埋め尽くせ。

value 34

誰かを褒める習慣

value 34

誰かを褒める習慣

褒めることで、誰かにうれしい瞬間をプレゼントできる

誰かを褒めると、褒めた本人がとてもすがすがしい気持ちになる。褒めることで、自分自身を褒めたような気持ちにもなる。試しに、身近にいる「すごいな」と思う人のことを褒めてみてほしい。その数は、1人より2人、2人より3人、3人より4人、というふうに、たくさんいればいるだけいい。

なぜ、たくさんの人を褒めたほうがいいのか。それは、そのほうが、**たくさんの人に「うれしい瞬間」をプレゼントすることができるから**だ。

たとえばあなたが、Aさんのいない場所で褒めたとする。その噂が、まわり回って本人に届いたら、本人はどう思うだろうか。きっと喜ぶだろう。するとその本人は、あなたが褒めてくれたことを心からうれしく思い、あなたを心底信頼する。

たとえ相手があなたに嫉妬心や猜疑心を抱いていたとしても「(彼は、彼女は)信頼してもいい人なんだ」と、胸をなで下ろす。それ以降その人は、あなたに好意的な態度を取ってくるだろう。

褒めるという習慣を大切にしてほしい。誰かの悪口を言った後は、後味がとても悪い。もしそれが本人に伝わったとしたら、最悪だ。あなたの評判もガタ落ちとなり、もう二度と修復できなくなる。

本当の人間関係がつくられるのは、本音が相手に伝わったときである。いないところで誰かを褒める。そして、相手がそれを他人から伝え聞く。その瞬間、信頼関係が構築されるのである。

まとめ

人を褒めた後は、自分も気分がよくなる。

value 35

社会的ヒエラルキーと無縁の時間

value 35

社会的ヒエラルキーと
無縁の時間

肩書や学歴ではなく、
人間そのものを見よう

社会的なヒエラルキーを必要以上に気にする人がいる。ヒエラルキーとは、社会の階層のことである。主に、収入や学歴、家柄などを指す。

ヒエラルキーを気にする人には2種類いる。

ひとつは、自分が高いポジションにいることを誇りに思う人。他の誰かよりも優位に立っているということで、満足を得るタイプの人だ。

もうひとつは、年収や学歴の低さ、生まれた家柄の悪さなど、自分が人より劣っている点ばかりを気にして、常にコンプレックスを感じている人である。どちらも、社会的ヒエラルキーを気にしすぎなのである。

相手がどんな肩書であろうと、見下すこともなく、過剰に崇《あが》め奉《たてまつ》ることもなく、ひとりの人間として接する習慣を身につけよう。

もし今、あなたに何らかの肩書があったとしても、普段は無理に威厳など持とうとしなくていい。逆にもし肩書がなくてコンプレックスを感じているなら、卑屈になる必要はまったくない。

いつも自然体で、フラットでいればいい。相手の肩書に合わせて態度を大きくしたり、へりくだったりすることもしなくていいのだ。この習慣を身につけるだけで、人生は何倍も快適になる。

時に、戦うときには、ヒエラルキーを意識したほうがいいときもある。

社会的に高いポジションにいると自覚している人の場合は特にそうだ。それがプライドとなり、見苦しい行動、期待を裏切る行動を避けるようになる。

また、名前に恥じない成果を出そうともする。プライドを守るために、努力を継続する。

また、年収が低く、社会的に低いポジションにいることにコンプレックスを持っている人。彼らもその意識がプラスに作用することがある。

「のし上がってやる」というハングリー精神を持つからである。コンプレックスが、死に物狂いの努力を覚悟する〝ジェット燃料〟となるのだ。

しかし私たち人間には、ヒエラルキーを忘れ、無心になる時間が絶対に必要である。そのような時間こそ、社会的な階層を度外視したひとりの人間としての魅力を鍛えることにつながる。

世の中には、仕事の肩書を取り除いたら何も残らない人、肩書負けしてしまう人が多い。仕事中にはあれほど輝いていたのに、休日に一緒に遊んでみたら、まったく魅力的ではなかったという人がいる。

ヒエラルキーを忘れることでお金、肩書、学歴に縛られずに、パーソナルな魅力を磨く訓練ができる。

独りよがりな優越感や劣等感にさいなまれることがなくなる。

優越感と劣等感は隣り合わせだ。独りよがりな優越感に浸る人は、優越感を感じたぶんだけ、劣等感にも苛まれる。**ヒエラルキーをきっぱり捨てる時間を持てた人だけが、苦しみから解放される**のだ。

この魂の解放感はお金では決して得ることはできない。むしろお金のことを忘れた世界に、それは存在する。

まとめ

ヒエラルキーを完全に忘れた時間に、人間力は磨かれる。

value 36

恩人や、かつての恋人を思い出す時間

value 36

恩人や、かつての恋人を
思い出す時間

かつての恩人や恋人を思い出すと、心が満たされる

過去にあなたを助けてくれた人の名前を今すぐ思い出すことができるだろうか。たいていの人はすぐには思い出せない。それをあえて心静かに思い出し、紙に書き出してみてほしいのだ。

子どもの頃から今この瞬間に至るまで、あなたを助けてくれた人の名前を一人ひとり、丁寧に書いていく。それほど簡単な作業ではないかもしれない。しかし、一人、また一人と名前を書くたびに、あなたの心の中にはじんわりと温かい感謝の気持ちが湧きあがる。

そうしているうちに、何だかたくさんの人に味方についてもらっているような気分になってくる。事実、あなたはたくさんの人に味方になってもらい、支えられ、助けられ、押し上げられてきた。そうして、あなたの今の人生はできあがっている。

この作業を通してあなたは、自分自身の心が、まったく波の立たない澄んだ湖面のように平らかで落ち着いていることに気づく。どんな不安も、一気に消えてしまう。

あなたは心のどこかで、これまで助けてくれた人に対して不義理をしていることを恐れている。感謝の気持ちは確かにあるのに、それを十分表現できていない。これがあなたの気持ちを、もどかしく不安にさせる。

具体的にその人の名前を書き、その人に対して心の中で感謝するだけでいい。そしてその思いが、時と場所の隔たりを越えて届いていく様を想像する。すると、とても温かい気持ちになる。

余力があれば、思い出した人の何人かに、ハガキ一枚でかまわないから、挨拶状を書いてみてはどうだろうか。

あるいはメールを送ってみてもいい。

あなたが「その節は大変お世話になり、ありがとうございました。ご恩は一生忘れません」という言葉を、心を込めて送れば、先方も温かい気持ちになる。食事に誘うのもいいだろう。

恩人とはまた違った意味で、昔の恋人たちを思い出してみるのもいい。人は誰しも、愛される資格がある。それなのに、「年収が低いから」「お金を持っていないから」という理由で、自分は愛されない存在だと思い込んでいる人の、なんと多いことか。

かつての恋人たちがあなたに贈ってくれた言葉やプレゼント、一緒に過ごした楽しい場面、そのときの一人ひとりの表情を、できるだけつぶさに思い出してみる。すると、自分もまた、愛される資格があることに気づく。

忙しさに追われているとき、あなたには「今」という断片しか見えていない。だが、過去の恩人や恋人を思い浮かべることで、**人生が断片的ではなく、過去から未来に向かってつながる連続性のあるものだということも実感できる。**

その人たちを思い出すことが、あなたの心を愛と感謝で満たす。そのときの、安らかで温かい心持ちは、お金では絶対に買えはしない。

まとめ

恩人や恋人、たくさんの人に支えられていることを噛みしめよう。

value 37

「できる方法」を考える習慣

value 37

「できる方法」を考える習慣

しぶとさが「無」から「有」を生む

すぐにできない理由ばかり考える人が、世の中にはたくさんいる。

一見賢く見えて、実は思考を途中で放棄してしまう人たちだ。

「できない理由」を想像した途端に、思考は停止してしまう。このくり返しが、思考能力を錆びさせる。

できない理由ばかり考えている人と、実現するためのあらゆる方法を考える人とでは、10年後、人生に大きな差がつく。仕事だけではない。遊び、趣味、恋愛、夢、結婚、すべてにおいてである。

自分が望む目標、あるいは自分が望むよりもはるかに満足度の高い目標を叶えられる人。それは**実現するための方法をしぶとく考える癖がついた人**である。

お金を生む才能がある人は、できない理由が思い浮かんでも、そこであきらめずに、常に実現するためだけの方法を考える。そのしぶとい思考習慣が、結果的に自己実現を後押しするのである。

目標を実現するために、目標を達成したときの「絵を描く」という方法をとることがよくある。達成のイメージを可視化するという方法だ。

明確な達成のイメージを持つことは、確かに重要だ。だがそれだけでなく、**達成するためには具体的に何をすればいいのか、必ず5つ以上の方法を考えることが重要**である。自己啓発本を読む人は多いが、なかなかこれをやっている人は少ない。さらにそれを実行する人はもっと少ない。

自分で一生懸命考えたうえで、もしアイデアを思いつかなければ、誰かの力を借りるという手もある。ノウハウを持っている人に聞けばいい。何をどうすればいいか、弟子になったつもりで聞いてみるのだ。そして得た具体案をしっかり実行する。それだけで、実現する確率は圧倒的に高まる。

私はこの方法で、今まで多くのことを実現に導いてきた。

仕事、遊び、趣味、恋愛、夢、結婚……。実現するための具体的方法をしぶとく考えることによって、多くを実現に導いてきた。

たとえば仕事では、超大手企業のナショナルブランドとのコラボレーションなど、ビッグプロジェクトが次々に結実した。

最初は背伸びをしている感じがして、少々息苦しかった。しかしそれをずっとくり返しているうちに、それが当たり前になってきた。**しぶとく、しぶとく、どうすれば実現するかを考え続けた人が、最後に勝ち残っていく。**

熱意だけでは難しい。実現するための方法を、組みたい相手のメリットを考えながら具体的に立案する。それを提案する。このくり返ししかない。

決して難しい目標を掲げる必要はない。まずは頑張ればどうにかなりそうなレベルの目標を立ててみよう。そしてできる範囲で、実現するためのアイデアを、5つ書き出してみるといい。

本当にそんな単純なやり方でうまくいくのか、あなたは疑問に思っているだろうか。

まずはだまされたと思ってやってみてほしい。それだけで、あなたの目標実現力は格段に上がるはずである。

まとめ

実現への方法論をあらゆる角度から考える！

切り札は、「相手に与えるメリット」の抽出。

value 38

健康診断

value 38

健康診断

健康診断が、お金より大切なものを守る

お金はあの世までは持って行けない。死んだらおしまいだ。お金を稼ぎたいう思いで頑張って働きすぎて、あっけなく亡くなってしまう人もいる。

何より命を大切にしてほしい。

そのためにも、健康診断に行ってほしい。もしあなたの健康を蝕む何かが早期に発覚すれば、あなたの命は救われる。健康を取り戻せれば、痛みも不快感もなくなり、より多くの感動を感じながら人生を楽しめる。そこに新たな創造も生まれる。

「健康」は、人生を有意義なものに変えてくれるのだ。

私にも経験がある。背中に突き抜ける鈍痛があり、仕事へのやる気がまったく出ないことがあった。しかも体中の血の巡りが悪くなり、全身がむくんでいる。うつ病かと疑って、その症状をネットで検索すると、「内臓からくる気分の落ち込み」という項目を発見した。

病院で検査を受けると、高脂血症、高尿酸値、高中性脂肪症と診断された。胆のう、すい臓も蝕まれていた。このままでは、50代で死ぬと医者が言う。

そこで米、油ものを食べない生活を1年間続けた。その結果、すっかり健康体に戻り、気分の落ち込みもなくなった。仕事も絶好調。私は命をリカバリーしたのだ。

実は検査を受けられたのは、あるアポイントの日にちを間違えて、ポッカリ時間が空いたからだった。そんなたまたまできた時間によって、私の命は救われた。

スキマ時間でかまわない。多忙で、仕事に追われているあなたも、ぜひ一度、健診を受けてみてほしい。

まとめ

お金より大切な命のため、スキマ時間で検診を。

value 39

危機への対策

value 39

危機への対策

金稼ぎだけでは甘い！
「命」を守る対策を

生きていれば何が起こるかわからない。

2011年の、未曾有《みぞう》の災害とも言われた東日本大震災は、まだ生々しく私たちの記憶に残っている。どんなに気をつけたところで、世の中にはどうしようもないこともたくさんある。

しかしそれでも、自分自身や自分の家族のために、できるだけの備えを心掛けておきたい。

お金を稼ぐことには一生懸命頭を使うのに、危機対策に疎《うと》い人が大勢いる。日頃から、負傷したり、命を落としたりと、危険が及ぶ状況を少しでも減らす努力をしよう。

いくら莫大なお金を稼いだところで、自分や家族、あるいは自分の命が危ぶまれるのでは本末転倒だ。

たとえばいざ震災に見舞われたときのために、家族と集合場所の確認はしているだろうか。地震に伴い、火が出たとき、あるいは津波の恐れがあるときはどこに逃げるのか、家族と話しておくことだ。

さらには災害伝言掲示板の使い方。非難袋の設置。備蓄水の用意。震災対策は、どれほど入念に行っても、十分すぎるということはない。

たとえば旅行先が海に近い場所だったら、万一の場合に逃げられる高台の場所がないかを、最初に確認しておくことが大切だ。家族が一緒なら、家族一人ひとりにも周知徹底しよう。

泥棒対策も大切だ。戸締りはしっかりする。家の庭には死角をつくらない。

さらには自動車事故。全国で年間５０００人近い人が、交通事故で死亡している。交通戦争などという言葉もあるくらいだ。

安全運転に努めたり、運転する時間帯を調整して混雑を避けてみてはどうだろうか。

車を買い替える際には、頑丈であること、自動ブレーキシステムを搭載して危険を察知できることなどをポイントに選ぶという手もある。

いざという事故のときのためのシミュレーションをしてみたりすることも必要だろう。

火事にも備え、消火器をしっかりと用意しておくこと。お金などに換えられない、大切なことである。

特に空気が乾燥する季節には、ちょっとした不注意が大火につながる。日頃から火の元に注意を怠らないという心掛けを忘れてはならない。

そして最後に、個人的に体を鍛えるということも大切である。

いざというときに戦える体を持つためだ。過酷な状況に晒されてもなお、自分自身の命をつなぐことができたり、家族を守ることができたりする。

いくらお金持ちになっても、命を失っては意味がない。さまざまな場面を想定し、危機対策能力を研ぎ澄ましておくことが必要である。

まとめ

お金を稼ぐことと同じくらい「危機への対策」に頭を使おう。

value 40

今晩、そして
週末の楽しみ

value 40

今晩、そして週末の楽しみ

今日の楽しみが、命に躍動感を吹き込んでくれる

この本もそろそろ終わりに近づいてきた。

ここでひとつ質問しよう。

今日この後、あなたが楽しみにしていることは何だろう？　もしくは、一日の終わりに、何か楽しみがあるだろうか。

もし「ない」という人は、無理にでもつくってほしい。

仕事ばかりして、24時頃家に帰り、ただ寝るだけの生活をしばらく続けているとする。もしそうならば、あなたの心と体はだんだん固まっていく。思考回路もどんどんおかしくなる。

心当たりのある人は**一週間のうち、仕事以外の予定を3日入れるようにすること**だ。一日の最後に、ほんの少しでもいいので、楽しみな時間を確保するのだ。

10分でも15分でも30分でもかまわない。スーパー銭湯に行く。ジムに行く。マッサージに行く。映画を観に行く。気になっているバーに入ってみる。1時間だけデートをする。友人が開催する飲み会に参加してみる……。

できれば人と出会い、つながる場所で心を解放することが望ましい。外の世界に広く出会いを広めていくのだ。また、つながる人も男女問わず、いろいろな人と交わるようにする。

今日の楽しみをつくろう。今週末の楽しみをつくろう。

お金を稼ぐためだけに心を殺し、楽しみのないまま毎日を過ごしていては、生きている意味がない。

命も時間も「生きることを楽しむ」ために費やそう。それを実現するためのお金を稼ごう。

お金を稼ぐためだけに頑張るだけの、楽しみどころのない人生と決別しよう。

お金のかからない「大切なこと」はそこらじゅうに転がっている。
必要最低限のお金があるのなら、もっと心豊かに生きよう。
たった一度の人生なのだから。

まとめ

1日1回の小さな楽しみが、お金に殺されない人生をつくる。

潮凪洋介　Yosuke Shionagi

1970年生まれ。エッセイスト・講演家。株式会社ハートランド代表取締役。

「生きることを楽しむ」ためのライフスタイルづくりを研究・実践。

著書や講演会では、自分らしさを表現するための社外活動を奨励している。

また、本当にやりたいことを見つけ、それを会社外で実現する「潮凪洋介の自由人生塾」、エッセイスト養成・文化人養成・出版プロデュース機関「潮凪道場」を運営。


主な著書に、シリーズ累計20万部超の『もう「いい人」になるのはやめなさい！』『それでも「いい人」を続けますか？』、『自分の壁の壊し方』（以上KADOKAWA）、『「バカになれる男」の魅力』（三笠書房）、『新しい「男」のルール』『仕事に殺されないアナザーパラダイスの見つけ方』（以上フォレスト出版）などがある。

◆株式会社ハートランド
http://hl-inc.jp/

◆エッセイスト養成塾　潮凪道場
http://www.hl-inc.jp/essayist/

◆潮凪洋介の自由人生塾
http://hl-inc.jp/freedream/

お金に殺されない人が大切にしている40のこと

2015年6月6日　初版発行

著　者　潮凪洋介
発行者　野村直克
発行所　総合法令出版株式会社
〒103-0001　東京都中央区日本橋小伝馬町15-18
常和小伝馬町ビル9階
電話 03-5623-5121（代）

印刷・製本　中央精版印刷株式会社

落丁・乱丁本はお取替えいたします。

ISBN 978-4-86280-451-8

総合法令出版ホームページ　http://www.horei.com/